臼井由妃
YUKI USUI

資格を稼ぎに変える最高の勉強法

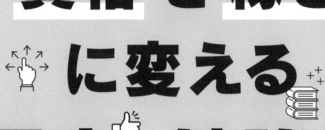

THE BEST STUDY METHODS TO TURN
CERTIFICATIONS INTO MONEY

社会人の勉強は、
「経済的・精神的」自由を手に入れること！

　突然ですが、あなたには明日会社がなくなっても、困らない自信がありますか？

　突然解雇をされても、うろたえない準備はできているでしょうか？

　冒頭から厳しい話をするのは、経済情勢の変動はもちろん、社会不安が日増しに拡大している一方で、「給与アップ」や「好景気」とはほど遠い状態が日本を襲っているからです。

　一流企業勤務だから、公務員だから一生安泰などとのんきに構えていたら、ビジネスパーソンとしての明日はありません。

「会社や組織を離れたところで、自分は何ができるのか？」
「自分の『売り物』は何なのか？」

　そういった「問題意識」をまず持つことが、不透明な時代を生き抜くために欠かせません。

賢明なあなたならば、勉強をして何かしらのスキルを身につけ、今よりも高いレベルの仕事を成功させ、収入を増やすという道を選ぶでしょう。

「社会人になっても勉強するの？」

「ただでさえ忙しいのに、そのうえ勉強が加わったら自由な時間がなくなる」

　そんな声が上がるのもうなずけます。

　しかし、勉強をして収入が増え、今よりも充実した暮らしができる。輝きあふれる未来が約束されるとしたら、「勉強」するのも悪くないと思うのではありませんか。

　なかでも社会人が行うべきは、経済的自由と精神的自由を手に入れる「お金になる勉強」です。

　本書では、何を勉強すれば「経済的自由と精神的自由」を手に入れられるのか。忙しいあなたが勉強時間をつくる方法や資格試験の合格術等、私の経験や短期合格者の声などを交えながら、解説していきます。

　具体的には、次のことを意識しながら解説していきます。

- すぐに身につく：ローコスト
- すぐにお金になる：ハイリターン

　すなわち、速さと効果を兼ね備えた、忙しいあなたに相応しい勉強法です。

　本書で著したのは、知識を詰め込むだけの勉強に異を唱え、ビジネスパーソンとして成長し、「経済的自由と精神的自由を手に入れる力」を身につけ、より素晴らしい人生を歩む自分になることを目的にしています。

　そのため、書籍を読んで終わりにしない工夫を盛り込みました。随所に書き込みができる「メモ欄」を設けましたので、ぜひたくさんの学びや気づきを書き込んで行動につなげてください。

　本書を読まれたあなたが、自信をつけ成果を実感し成長していく。令和の時代を生きるあなたの「武器づくり」のきっかけになれば幸いです。

　あなたの成功と吉報を心から願っています。

令和 4 年 12 月　臼井由妃

目　次

目　次

第1章　資格は自由を手に入れる最強のツールだ
これがあれば、明日会社がなくなっても困らない！

第2章

「仕事力」に直結する資格はこれだ
短期一発合格できる、稼げる資格を狙え！

第6章　さあ、「好きなこと」を仕事にしよう
資格取得は、「自由」へのスタートライン！

装丁　　　　　　　　　　大場君人
本文デザイン　　　　　　水戸夢童
組版　　　　　　　　　　田中まゆみ
企画・編集・校正協力　　遠藤励起

資格は自由を手に入れる
最強のツールだ

これがあれば、明日会社がなくなっても困らない！

忘れてはいけない！
「勉強は楽しい」ということ

　本書では、資格で経済的自由と精神的自由を手に入れる勉強法を説いていきますが、はじめは「人よりちょっとだけ物知りになる」「情報通になる」といったスタンスで構いません。

　そうこうしているうちに、学ぶことが自然と楽しくなってくるのが理想です。

　私が国家資格の「宅地建物取引士（宅建士）」に挑んだときには、「ビジネスパーソンならば、取っておいて損はないうえに、簡単に合格できるから」という周囲の甘い声に乗っかって、資格や試験の詳しいことを知らないままに、自宅の近くにあった資格学校の日曜日クラスに申し込みました。

　そして通学初日、聞かされた合格率の低さに「1回で合格するなんて無理！」「とんでもないところに来てしまった！」と弱気になったものです。

　でも冷静に周囲の人を眺めているうちに「これは勝てる！」「合格できる！」と思いました。

　というのも、明らかに何年も通学している「ベテラン受験生」、会社の命を受け仕方なく学びにきている、参加することに意義がある「オリンピック型受験生」、イケメン講師に憧れて受講

をしている「追っかけ受験生」、勉強をしている自分に酔いしれている「ナルシスト型受験生」など、本気で合格を目指しているとは思えない人も含めての競争だということに気づいたからです。

　こうした資格試験の事情を知れば「本気で勉強する自分は合格できる」と思えるでしょう。そうとらえることで、ちょっとした優越感や高揚感が湧き、久しぶりに挑む勉強を、苦しいとか難しいとか感じることがなくなりました。

　そして本気で勉強をしていることで、自信が芽生え、テキストを開くたびに笑顔になり、不動産に関する情報や民法など、身近な法律にも興味が湧いてきました。
「私はこんなに勉強が好きだったんだ！」と、自分の意外な面を知り、驚いたものです。
　そして「宅建士に合格したら、投資向け物件を見極めて購入し、年利１０％で回そう」などと皮算用するまでになりました。

「経済的自由と精神的自由を手に入れるための勉強なんだ！」と意識することで、「勉強は楽しい」「賢くなる娯楽だ」と、ハマっていきました。ぜひあなたも、勉強をポジティブにとらえてほしいと思います。

　自由を手に入れる勉強は、賢くなる娯楽。
　勉強を「苦しいこと」「嫌なこと」と
　思わないように！

これからは、仕事に「好き」と「個性」を持ち込もう

「あなたの売り物は何ですか？」

そう問われて即座に答えが出る方は少ないかもしれません。会社や組織では肩書きがものを言いますが、それは社会に通じる「売り物」ではありません。

それでも、少し前までは、社長一人、社員一人の会社でも「代表取締役」と名刺に肩書きがあれば、それなりの人に見えてしまうものでした。

でも、もうそんな時代ではありません。一流企業勤務だから安心、公務員だから一生安泰などと決め込むことはナンセンスでしょう。

「会社を離れたところで、自分は何ができるのか？」
「自分の〝売り物〟は何なのか？」

こうした問題意識をまず持つことが、経済的自由と精神的自由を手に入れるために必要です。

そうはいっても「売り物なんて見つからない」「今さら無理」という方もいるでしょう。

でも難しく考える必要はありません。

● 時間を忘れて夢中になれる（好き）

●「意外だ」「すごいね」「趣味だけにしていたらもったいない」等と言われる（個性）

　このような、自分の中にある「好き」と「個性」を振り返ってみましょう。思いつくままノートに書き出し、「好き」と「個性」が重なることを探すのです。
　それが「売り物」になります。

　もちろん、資格は取っただけでは「あなたブランド」にはなりません。
　本書では「資格」を活かす術もお話ししていきますので安心してください。

| ヒント |

　たとえば、ワードの文章設計やエクセル操作が好きなうえに速い。パソコンやデジタル機器のちょっとした不具合は、たちどころに直してしまうので、周囲から一目置かれている。

　そんな人は、それを〝個性〟ととらえて「売り物」にします。

そのうえで、単に「パソコンに精通している人」ではなく、「売り物」を輝かせる資格を取得して、唯一無二の「あなたブランド」をつくるのです。

　ＩＴ基礎知識を証明することができる国家資格「ＩＴパスポート」を基礎に、情報システムの企画や要件定義、開発、運用、保守への技術支援を行う国家資格「ネットワークスペシャリスト」を目指すのも手でしょう。

　ほかにも、企業の経営戦略に基づき、ビジネスモデルや企業活動の特定のプロセスについて情報技術面から基本戦略を策定・提案・推進していく国家資格「ＩＴストラテジスト」などもあります。

　エンジニア系とマネジメント系の国家資格を持てば、「好き」と「個性」を活かして厳しい時代も生き残っていけることでしょう。

　ぜひ検討してみてください。

 思いつくままに「好き」と「個性」を
ノートに書き出し、
自分の「売り物」を見つけよう！

03

資格取得の勉強は、資産を増やす「最高の投資」

「確実に資産を増やす投資がある」と聞いたら、怪しむ方がほとんどでしょう。

その類の話に乗り、苦い経験を持つ方もいらっしゃるかもしれませんね。

確実に資産を増やす投資とは、「あなたの売り物をつくり、どんな時代になっても生き残れるお金の源泉を築き上げる」こと。つまり、「仕事で使える勉強」であり、「お金になる勉強」ということです。

私は「資格取得」は、資産を増やす「最高の投資」ととらえています。

考えてみてください。

東大卒だろうとオックスフォード大卒であろうと、「名刺」に書けるわけではありませんよね。

また、知名度のない会社の役職が書かれた名刺では、受け取る相手はあまりピンと来ません。

でもそこに国家資格が複数書かれていたら、それを見た相手

はどう思うでしょうか。

「行政書士をお持ちなのですね。宅建もですか……すごいですね！」と言ってもらえるかもしれません。
　仮に口には出さなくても、必ず目にとまるものです（ただし名刺に書けるレベルの資格であることが必要です）。

　昨今は物価の高騰が激しい反面、残念ながら、それに見合った給料アップの展望は描けそうにありません。
　では、値動きの激しい「金」や「暗号資産」等への投資を考えてみるのはどうでしょうか。
　こちらは損をするリスクも大きく、なかなか踏み出せないですよね。

　それよりは短期間で資格を取得してお金の源泉を築き上げる勉強をしたほうが、確実に稼げるあなたになるでしょう。

「忙しいから勉強は無理」「時間がないから厳しい」など、これまで抵抗（言い訳？）してきた人も、冷静に現実を見てください。

　これからは、かつての「バブル景気」のような状況はとうてい望めそうにありません。
　かと言って、なけなしのお金を、リスクを伴う投資に費やすのもあまりに無謀というもの。

　それよりも、あなたの売り物をつくり、どんな時代になっても生き残れる「資格取得の勉強」ならば、ノーリスク・ハイリ

ターンです。

　ぜひ資格こそが「資産を増やす最高の投資」と考えて勉強することをおすすめします。

| ヒント |

　営業成績優秀な一流商社マンと、「司法書士・社会保険労務士・宅地建物取引士」の資格を持つ営業パーソンなら、後者のほうが「引き出しの数が多い人」と思われ、転職や独立・起業する際にも断然有利です。

| Memo・Point |

「資格取得のための勉強」は、
あなたの資産を確実に増やす、
ノーリスク・ハイリターンの投資！

04

その他大勢から
抜け出す「大人の勉強」

　私が短期間にいくつもの資格を取得できたのは、自分に自信がなかったからだと思っています。

　こんなふうにお話しすると、「それは謙遜でしょ。もともと、頭がいいんでしょう？」と考える人もいるかもしれません。

　でもそんなことはまったくありません。

　ロクに勉強もせずに入学した高校は、私にとってあまりにもレベルが高く、赤点ばかりで成績は常にビリ争い。
　それでも公立高校ゆえに「劣等生でも真面目に通学していれば、卒業はさせてくれるだろう」と甘んじる日々でした。

　大学は、栄養士の資格を取得できる短大を選びました（女性は短大卒が就職率がよかった時代です）。
　試験科目が少なく、キャンパスが都心にあって遊びに行きやすいことがいちばんの理由でしたが、「栄養学の勉強がしたくて」ともっともらしい嘘をつき、アルバイトやサークル活動に励むばかりの学生でした。

私は成績のいい子ではなかったうえ、きちんと勉強した経験もない、正真正銘の劣等生だったのです。

　あえて私がここまで明かしたのは、大人になってからの勉強は、もともとの頭のデキではなく、「やり方」の問題だということを知ってほしいからです。

　とりわけ社会人になると、仕事の成果は「アウトプット」の質と量で大きく左右されます。
　自分の中にある知識と周囲の情報などを総合しながら、企画書作成、商品・サービス開発、セールストークといった形でアウトプットしていく。
　立場が上になるほど、とにかく「アウトプット」が求められます。

　仮に今は優秀だったとしても、決して安穏とはしていられません。
　将来を見据え、仕事に関わる勉強やそこから派生する情報など、「勉強」という名のインプットをしていかなければ、すぐに競争から弾き出されます。

　アウトプットだけの毎日を送っていたら、自分の中に何も残らなくなってしまう。「在庫がなくならないうちに適切な仕入れをして、賞味期限前にきちんと出す」こと、それが大人がやるべき勉強です。

　社会人は、インプットとアウトプットの繰り返しです。

良質なアウトプットのためには、「勉強」というインプットが十分できていることが求められます。

　資格取得は、その道標であり、次のステップへ進む手段。その他大勢から抜け出す絶好のパワーになります。

| Memo・Point |

社会人の成果はアウトプットの質と量しだい。
それは「何を仕入れたか」、つまり何を勉強し、
インプットしたかで決まる！

明日会社がなくなっても困らない「資格で稼ぐ力」

　自分に自信がなくて始めた勉強ですが、短期間で「宅地建物取引士」に合格したときも、すぐさま「これで自信がついた！」と満足したわけではありません。

「運がよかっただけ」「まぐれ当たり」と、もう一人の自分が納得しませんでした。

「行政書士」に一発合格したときも、それは同じでした。
　それでも続けたのは、勉強そのものが楽しくなり、夢中になったからです。

　じつは私は、今でも自分に自信がありません。

　それでも以前のように「自分には何もない」とか、「自分には無理」といった劣等感は克服することができました。

　私にとっての勉強は、言うなれば「ロールプレイングゲーム」みたいなもの。
　小さくて弱い自分がいて、それはさほど変わっていないけれど、勉強したことが少しずつ形になり、自分の売り物ができ、稼ぐ力が生まれ、強くなった。

「勉強することで、少しずつビジネス社会で戦う「武器」を身につけた、と理解しています。

　私は、あまりにも自信がない性質だから１つの資格では満足できず、たくさんの武器が必要でした。
　複数の武器を手にして、やっとビジネスという戦場で戦える準備ができたのです。

　今後は専門性を高めなければ仕事がなくなるでしょう。
　誰にでもできる仕事はＡＩに取って代わられ、Ｍ＆Ａにおける経営統合や合併等で職を解かれる心配もあります。

　コロナ禍で老舗の仕出し屋を廃業した友人がいますが、料理一筋、老舗の味を守り続けてきた彼は、「こんなはずではなかった」とポツリと言いました。
　それまで大口の得意先を抱え、経営に不安は感じていなかったと言います。
　彼は今「６０歳過ぎの自分を雇ってくれる会社なんてないし、誰かの下で働くなんてとうていできない」と言います。
　かといって、料理の腕を誇る以外、彼に稼ぎを生む力はないのが現状です。

| ヒント |

　もし彼に危機感があって、たとえば「ネット販売」を即始められるように「インターネットの知識」を蓄えて実践したり、廃業に至らずに事業承継できる「法的思考

力」を備えた税理士や社会保険労務士等の勉強をしていたら、事態は変わっていたでしょう。

　小さなきっかけで人は変わるもの。

　少なくとも私は、かつてのように、「自分には何もない」なんて劣等感はないですし、少しのことでびくつくこともありません。
　それもこれも、資格を取得し、知識が武器になっているから言えることなのです。

自分を成長させるのは、自分しかいない。
「自分の弱点を補う勉強をすること」、
それこそが稼ぎ力の要、資格の勉強だ！

仕事ができる人は
「資格の勉強」もできる人

　勉強を効率よく進めるために大切なのは、「時間の使い方」です。でも、ただ多くの時間を費やせば、いい勉強ができるとは限りません。

　資格の勉強の成否を握るのは、決まったタイムスケジュールの中で、効率よく勉強する「時間密度」を高めることに尽きます。
　時間を効率よく使うことを考えて実践すると、自分の中に時間活用のノウハウが自然に生まれます。
　その中で勉強量をこなすと、質を高めることになり、さらにレベルアップすることができます。

　仮に仕事が多忙で勉強にあてる時間が少なくても、上手な時間の使い方を身につけていれば、時間密度を2倍にも3倍にも高めて有効に使うことができます。

　「仕事は忙しい人に頼め」という言葉があります。これは「忙しい人ほど、効率よく時間を使えるため、頼んだ仕事が早く上がってくる」という意味です。

　仕事ができる人は、時間の価値を理解していて「コストの節

約」「ムダな作業の削減」「自分でやるべき仕事の理解」など、ムダをなくすことを常に意識しています。

　これは「時間密度」と深い関係があって、資格の勉強にも応用できます。

　実際、仕事を時間内に終わらせることができれば、そのぶん勉強に使える時間を増やすことになります。

　私は何事も「締め切り前納品」を実践してきました。
「締め切り前納品は、驚かせるためにある」ともとらえています。

　これは、仕事でもプライベートでも変わらないスタンスですが、継続していると「早く確実にこなす術」がどんどん更新されます。

　多くの仕事を抱えても、つきあいが増えても、きちんと対応しながらも、時間のムダ遣いから解放されます。そうして浮いた時間を勉強にあてています。

　仕事ができる人は、勉強するやり方をすでに身につけていると言ってもいいでしょう。

　ですから「時間密度」を意識すれば、資格取得の勉強もうまくいきます。

　ムダを徹底して削減し、
　早く確実にこなす術を身につける。
「時間密度」を意識しよう！

07

資格の勉強は、人生を
ケタ違いに豊かにする

資格取得の勉強に対する成功のポイントは、次の３つです。

1. さっさと身につけ「経済的自由と精神的自由」を
   手に入れる発想を持つ

2. 目標達成の期限を明確にする

3. 目指す資格と達成期限を宣言する

　人のやる気は浮き沈みが激しいものですから、「合格後の自分の姿」をできる限り具体的にイメージしながら勉強を進めるといいでしょう。

　私は根気がある性質ではないので、身近な人に顔つきが険しくなったり、落ち込んでいるように見えたら、「先駆者になるんでしょう」「一度で合格しないと笑いものになるよ」などと、

わざと強い言葉をかけてくれるようにお願いしていました。

「つらかったらやめれば」「ボチボチ勉強すればいいよ」なんて甘い言葉はいらないと、事前に伝えていたのです。

　勉強を始めると、どうしても家族やパートナー、友達と過ごす時間が少なくなりがちです。
　そのコミュニケーション不足を補うためにも、こうした工夫は欠かせません。

　まわりの人の理解と協力は、勉強を続けていくのに、とても大きなカギになります。

　まわりの人への「感謝の気持ち」を忘れては、一度の受験で資格に合格したところで、不平不満が爆発して、「資格は取ったが、家庭崩壊」「資格は取ったが、大切な人は逃げて行った」という現実もありえます。

　いろいろな形で協力してもらっていることへの「ありがとう」を、事あるごとに私は伝えました。

「あなたのおかげで勉強させていただいています」「いつも協力してくれてありがとう」など、周囲への感謝を忘れないようにすれば、勉強に勤しんでいるあなたを誇りに思い、これまで以上によい人間関係を築くことができます。

　勉強は一人でするもの。だからといって周囲への配慮を欠いて突っ走れば、「先生」と呼ばれる資格を取得しても、孤立無援になります。

　一度の受験で合格し、その資格を武器に「自分の売り物」をつくっている人を数多く見てきましたが、彼らは例外なく「感謝の念」にあふれている人です。

　おごり高ぶらない姿勢が、共感を呼び、人が集まり、多くの協力を得ながら資格を最大限に活かしています。

　「難関資格だから自分には敷居が高いと思ったけれど、勉強してよかった。人生が変わったし人の優しさに改めて気づくことができた」――。

　資格取得は人生を彩るものと教えてくれた、50歳で司法試験に合格した友人の言葉です。

 資格の勉強は、周囲のさまざまな協力があってはじめてうまくいく。
「感謝の気持ち」を忘れずに！

08

「ローコスト・ハイリターン」で自分を変える

「経済的自由と精神的自由」を手に入れたい人がするべき勉強は、短期間で形になるのはもちろんですが、かけた労力や時間が、すぐに恩恵になることがもっとも重要です。

つまり、「さっさと身につけ、すぐにお金にかえられる勉強」であることが求められます。

将来にわたって仕事に活かすことができない資格は「死格」でしかなく、何の利益ももたらしません。

難関資格であろうと、認定資格であろうと、資格そのものに格差はありません。

だからこそ「経済的自由と精神的自由」を手に入れる勉強は、次の2点を常に意識しましょう。

1. 自分の「売り物」をつくること

2. 好きと個性がマッチすること

私がおすすめしたいのは、労力が最小限でリターンが大きいもの、スランプや焦りを感じる前に身につけることができる、「ローコスト・ハイリターンな勉強」です。

　国家資格ならば、不動産資格の基本である宅地建物取引士、国民と行政をつなぐ「街の法律家」として活躍できる行政書士、平成21年4月に新設され令和3年11月の時点で応募者数が100万人を超えた「情報処理技術者試験」のうちもっとも簡単なエントリーレベルのITパスポートなどです。

　これらは、いずれも勉強期間が3か月から長くても1年程度。効率よく勉強すれば、受験1回で合格可能な資格です。

「ローコスト・ハイリターンな勉強」は次の3つによって導かれます。

1. 労力　勉強するために身体を働かせる

2. 資金　テキストや問題集、模擬試験のエントリー代・
　　　　　受験料などにあてる

3. 時間　合格に必要とされる勉強時間を確保する

　ポイントは、あれこれ手を出さず、まずは1つ、あなたの人

生の核になる資格に、短期間の勉強で合格することです。

　その経験と自信は、さらなる挑戦心や行動力を生み、「経済的自由と精神的自由」を手に入れる第一歩となります。

　そうすると、見える世界や価値観は必ず変わっていくはずです。

| Memo・Point |

 かける時間とお金は最小限にして、
人生の核になる資格の
「一発合格」を目指そう！

資格勉強のメリットは、
「時間の達人」になれること

　社会人が勉強をするときには、自分の「給料」を意識することもモチベーションを高め、効率よく勉強する秘訣になります。

　そこで生きてくるのが、「時間価値」を知ること。
　あなたの月収が３０万円だとすると。一日８時間で２０日間（１６０時間）働くと仮定して計算すると、時給は３０万円÷１６０時間で１８７５円になります。
　つまりあなたの「時間価値」は１８７５円ということになります。正社員ならば、賞与や決算賞与などもありますから、実際はあなたの「時間価値」はもっと高くなるはずです。

　あなたはこの数字をどう考えますか？

　１時間ダラダラと上司への不満を抱えつつ仕事をしても「１８７５円」、段取りを決め優先順位を明確にして仕事をしても「１８７５円」です。
　前者の時間のムダ遣いは歴然ですね。

　資格の勉強をするならば、１時間ダラダラ勉強していたら「１８７５円」がムダになるという意識を持つこと。

こうした考え方を持つことも、勉強時間を有意義にするコツです。

お金の価値を考えながら勉強するのは、「経済的自由と精神的自由」を手に入れるためにも欠かせない意識です。

「時間価値」を理解している人は、勉強で成果を出せるのはもちろん、仕事もできる「稼ぎ力」のある人です。

よく「合格さえすればお金は取り戻せる」と多くのテキストを購入したり、複数の講座に通い、同時に複数の資格の勉強をして、多大な時間やお金を使う人がいます。そのうえ心身を疲労させ、結局1つも合格できない「経済的自由や精神的自由と無縁の人」や「時間のムダ遣いの人」が少なくありません。

そんな人の勉強法とは大きく異なることがわかるでしょう。

● 余分な教材や時間は使わない
● 必要以上の勉強はしない
● 欲をかいて、複数同時勉強・同時合格を考えない

本書で説く勉強法を実践すれば、資格の取得はもちろん、「時間活用の達人」にもなります。

ぜひあなたも達人を目指して、時間価値を意識した勉強に取り組んでください。

あなたの「時間価値」はいくらですか？ 1時間をムダに過ごすか、時間価値を引き上げるための行動をするか、常に意識しよう！

短期一発合格が、生き抜く
力を与えてくれる

「忙しい合間をぬって勉強するなんて、心に余裕がなくなるの
ではないか？」と思う方もいるかもしれません。
　でもそれは、大きな誤解です。

　自分で資格試験合格までのスケジュールを決め、時間を割り
振り勉強することは、多くの社会人が抱く「時間に支配される
立場」という認識から「時間を支配する立場」に変わり、余裕
がなくなるどころか、心にゆとりが生まれるのです。
　「未来の自分のために投資をしている」「自分のために時間を
使っている」という事実が、自信をもたらし、精神的なゆとり
につながるからです。

「今までとても優等生とは言えなかった自分に、資格の勉強は
できるのだろうか……？」
「大学卒業後、はっきり言って勉強とは無縁だった……」
　そんなあなた、心配はいりません！
　むしろ勉強に苦手意識のある人こそ、経済的自由や精神的自
由を手に入れる「資格の勉強」が向いています。

　どういうことかと言うと、勉強が苦手だったという意識のあ

る人は、資格の勉強をする中で少しでも理解を深めたり、問題が解けたりするときの喜びが、いわゆる「優等生」の比ではないからです。

一度「知る喜び」「学ぶ楽しさ」がわかると、どんどん自信をつけ、学びを吸収していきます。

資格取得は満点を取る必要などなく、合格点に到達すればいいのですから、出題率の低い難しい問題に手を出したり、「重箱の隅をつつくような奇問」に挑む必要もありません。つまり、過去の学歴とか出来・不出来とかはほとんど関係ないのです。

満点合格もギリギリ合格も同じ「資格取得者」なのですから、まずは気負わず自分の売り物をつくる意識でスタート地点に立ちましょう。

本書で説く勉強は、合格点を死守する「短期一発合格する術」です。

その「合格」という経験は、「限られた時間・労力・お金でも手にできる」「厳しい状況でも抜け出す道がある」「自分の可能性は無限大」「大変なときは大きく変わるチャンス」といったことを気づかせてくれます。その経験が、これからの厳しい時代を生き抜く力になるでしょう。

満点はいらない。「合格点」を目指せばいい。
「知る喜び」「学ぶ楽しさ」がわかると、
どんどん自信が身につきます！

活躍のフィールドが広がる「臼井流フレームワーク」

　どんな資格の勉強から始めるか考えたとき、意識してほしいのは「タテ型とヨコ型」です。

　タテ型は、同じジャンルの勉強を比較的簡単な資格から少しずつ積み上げていく方法です。たとえば、宅地建物取引士（宅建士）→行政書士→司法書士→弁護士などがあげられます。

　一方ヨコ型は、一見関係ないものを順に勉強していく方法です。たとえば、宅建士→社会保険労務士→行政書士→中小企業診断士といった具合です。英語・中国語・韓国語といった複数の語学を順に習得するのも、「グローバルなビジネス活動」というキーワードでつながる、ヨコ型と言っていいでしょう。

タテ型の勉強	ヨコ型の勉強
簡単な資格から積み上げていく	一見無関係な順に勉強していく
宅地建物取引士	宅地建物取引士
↓	↓
行政書士	社会保険労務士
↓	↓
司法書士	行政書士
↓	↓
弁護士	中小企業診断士

自分がタテ型の勉強でいくか、ヨコ型で進めていくかは、社会情勢、興味関心などに合わせて決めていきます。

　ただし、どちらを選んでも、最終的には「丸型」を目指してほしいのです。

　丸型に絶対必要なのは、「核となる資格」。核を中心に、タテ・ヨコ共にジャンルを広げていくことがポイントです。

　さらに必要なのが、「斜めを埋める勉強」です。

　斜めを埋める勉強とは、核の資格をより一層輝かせるための勉強のことです。

　核が「宅地建物取引士」だったら、クライアントに投資物件の説明をするためのトーク術だったり、インテリアのアドバイスをするためのコーディネートの知識だったり。

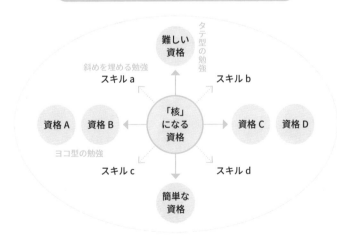

最終的には「丸型」を目指し「斜め」を埋める

核を何にするかも自由ならば、タテ・ヨコ・斜め、何を選択するかも自分の自由。すべてがあなたを輝かせる「売り物」になります。

「あの人は頼りになるね」と言われるほうが、お客様も取引先も上司も会社も喜んでくれますよね。仕事で認められ重要なポストを与えられる人は、核となる強みがあり、タテ・ヨコ・斜めのバランスが取れている人だと気づくでしょう。
　ぜひあなたも丸型を追求し、一歩一歩がんばっていきましょう。

| ヒント |

　私は、今でも丸型を目指して勉強中です。
　国家資格にチャレンジしているわけではないけれど、取得した資格の最新情報は常に更新しています。
　関係書籍やＷＥＢサイトは見逃さないですし、著作業を究めるために、「美しい日本語」を話す方の講演会にも足を運びます。
　いつの日か、大きく丸い自分になることが目標ですからね。

核の資格を何にして、タテとヨコ、どの資格をどう組み合わせていくかは自分しだい。
「丸型」を目指してがんばろう！

第 2 章

「仕事力」に直結する
資格はこれだ

短期一発合格できる、稼げる資格を狙え！

12

民間資格よりも
「国家資格」を狙え

「勉強を始めたいけれど、何を学んだらいいのかわからない」
「これまで資格取得など考えたこともなかった」という方もい
らっしゃるでしょう。

　そこで、どんな基準で、どの資格を選んだらいいかを考える
ときに、心得てほしい２つのポイントをお伝えします。

【ポイント①：「興味」があることを選ぶ】

　話題になっているから、周囲に学んでいる人がいるから、稼
げそうな資格だから、というような安易な理由で選ぶのはおす
すめしません。

　私の場合、最初の国家資格取得となった宅地建物取引士の勉
強をしているときには、成績が思うように伸びずに滅入ったり、
何度勉強しても理解できなかったりとスランプに陥りました。
　勉強の目的を見失いそうにもなりました。

　それでも勉強を続けられたのは、不動産物件を見るのが好き
なうえに、「４０歳過ぎの女性が一度の受験で宅地建物取引士
に合格したらかっこいいかもしれない」「その体験を出版でき

たらいいな」というような興味と欲があったからです。

　あなたも、まずは自分の興味と欲が持てる分野を選ぶことが大切です。

【ポイント②：「馴染みがある分野」の国家資格を選ぶ】

　資格には大きく分けて「国家資格」と「民間資格」があります。もう少し細かく分けると「公的資格」というものもあるので、3種類とも言えるでしょう。

　なかでも「国家資格」は法律によって定められていることから、もっとも権威があり信頼性も高いものです。

　本書で紹介する「宅地建物取引士」「ITパスポート」「行政書士」などがそれにあたります。

| ヒント |

　「公的資格」は、「官庁のお墨付き」をもらっている民間資格と考えてください。

　民間資格であるにも関わらず「公的資格」として認定されているのは、その優位性や信頼性があるからととらえることもできます。簿記検定、秘書検定、ケアマネージャーなどがあげられます。

　基準が曖昧で、評価が難しいのが「民間資格」。TOEIC、MOS資格、インテリアコーディネーター、ソムリエなど数多存在します。

限られた時間と労力、お金をかける以上、まずはもっとも権威があり信頼性も高い「国家資格を１つ選ぶ」のが賢明です。

　現在の仕事と関わりがあるとか、学生時代にちょっと学んだことがあるなど、「馴染みがある分野」の国家資格を選んでみましょう。

| Memo・Point |

 いくつも同時に勉強するのは危険。
まずは「国家資格を１つ選ぶ」
ところから始めよう！

13

難関資格イコール
「稼げる資格」ではない

▼

　たとえば、国家資格の最難関である弁護士資格は、はたして「稼げる資格」なのでしょうか。

　もしかすると、「弁護士報酬は高いから、年収１０００万円くらいは余裕で稼げる」と考える人が多いかもしれませんね。

　しかし現実は厳しいものです。

　高額の報酬を得ることができるのは、大企業や富裕層を顧問先に持つ「弁護士法人のトップ弁護士」だけであり、それ以外の弁護士は、弁護士事務所や一般企業に勤務するか、地道な営業で個人などからの依頼を取っていくことになります。

　運よく弁護士事務所に所属できた弁護士は、一般的な社員と同程度の給与ですが、顧問先を持たずに開業した弁護士は、弁護活動だけでは生活していくことができず、アルバイトでしのいでいる人もいます。

　最難関、最強のステータスを誇る国家資格である弁護士でもこんな状況ですから、「資格があるから黙っていても、お客様が来るとは限らない！」ということは理解できたでしょう。

しかし、権威付けのある国家資格を持っている人であるほど、この点を理解していないのが現実です。

　資格とは、その仕事を最低限遂行でき、その分野のことを教えられるライセンスにすぎません。
　資格取得者だからといって、お客様の要望に完璧に応えられるとは限らないのです。

　大切なのは、どれだけすごい資格なのか、いかに能力的に優れているかではなく、ホスピタリティと提案する力を持っているかです。

　ホスピタリティとは「おもてなしの心」であり、提案する力とは「臨機応変にお客様の要望に応える柔軟性」です。
　ホスピタリティと提案する力があれば、ライバルとの差別化ができ、自分の売り物の価値を高くすることもできます。

　資格を活かして「経済的自由と精神的な自由」を手に入れるために、まずチェックしなければならないのは、「マーケットのニーズ」です。

　逆を言えば世の中には、資格にあぐらをかいている人も少なくないということ。
　マーケットを甘く見て対策を講じない人もいますから、あなたにも十分チャンスがあると言えるでしょう。

　お客様のニーズをしっかりとらえたマーケティングや集客をすれば、資格の難易度に関わらず売上を上げることができます。

「資格取得の勉強に手一杯だった」「もともと営業やマーケティングは苦手」というようなスタンスでは、稼ぐことは当然できません。

　その点は覚悟のうえで、勉強をスタートする必要があります。

| Memo・Point |

 どんな資格を取っても、まずは
「ホスピタリティ＋提案する力」を
磨くことが大切です！

14

お金につながる
国家資格ベスト3

　次のような条件を満たす資格は、仕事に「好影響」を与える、さらに「一生使える」可能性が大きいと言えるでしょう。

　また、資格やそれに関係する業界に「将来性」があるかは重要な観点です。

　さらに、その資格を活かしてどのような「働き方」ができるのかも、確認しなければいけません。

- 就職や転職、現職のキャリアアップに役立つ
- 資格取得で給料アップが見込める
- 資格やその業界に将来性がある
- ライフスタイルに柔軟に対応した働き方ができる
- 独立・開業の際に役立つ

　資格は、ある分野に関する知識や技術を客観的に証明してくれるもの。保有していることで、企業をはじめ世間にアピールができます。

また実務経験が浅くても、資格があればカバーすることが可能ですし、異なる業界へ転職する際には、資格に助けられることも多いでしょう。

　独立・開業とまではいかなくても、副業として資格を活用することも可能です。

　私は昭和・平成・令和と時代が変わる中でさまざまな資格事情を体験してきました。

　そうした中で、いくら時代が変わっても重要度が落ちない、お金につながる国家資格を自信を持って紹介します。

【お金につながる国家資格①：宅地建物取引士】

　宅地建物取引士は、不動産取引の専門家です。

　不動産売買で、専門知識のない顧客が不利な契約を結ばされないように、専門的な見地から助言を行います。

　不動産業界はもちろん、住宅ローンを取り扱う金融業界でも役立ちます。

　また宅地建物取引士は法律系の資格の基本になるため、本資格の合格を皮切りに行政書士、司法書士、弁護士等にステップアップする方も多い人気の資格です。

【お金につながる国家資格②：税理士】

　税理士の独占業務は、「税務代行」「税務書類の作成」「税務相談」です。

　税務代行は、クライアントから税務代理についての書類をもらったうえで、税務署に対する税金の申告作業を行います。

税金は、法人税や所得税、相続税、贈与税等で、申告に必要な税務書類の作成についても税理士が行います。

　さらに、節税対策や税金の計算法に関する相談を受けることも税理士の仕事です。

「コンサルティング業務」として、記帳作業や試算表・決算書類の作成など経営面のアドバイスもあげられます。

　難関資格ではありますが、時代に即して企業の運営方針に助言を行ったり、フリーランスで働く人が増えていますので、ますます需要は高まっている資格です。

　弁理士は「知的財産」の専門家です。

　独占業務として、特許庁への「知的財産権」の申請作業を代行します。

「知的財産権」とは、著作権や実用新案権、意匠権、商標権などです。

　また、知的財産に関するコンサルティング業務も仕事になります。内容は、知的財産権の取得に関する相談や自社製品を模倣されたときの対処、他社の権利を侵害していないかの調査などさまざまです。

　最難関な資格ですが、受験資格がないので、学ぶ意欲と勉強のコツをつかめば、年齢を問わず合格することができます。

　今は個人でも著作権や肖像権など知的財産権に関わる場面がたくさんあります。

　ネット社会では、悪気はなくとも侵害を申し立てられることも少なくありません。

「知的財産権」の認知は広がる一方ですから、弁理士は需要が落ちない資格と言えるでしょう。

| Memo・Point |

 仕事に「多様な選択肢」が生まれる
資格を取ろう！

15

短期一発合格を狙うなら、
まずは「宅地建物取引士」

「宅地建物取引士（宅建士）」は、不動産の売買や賃貸の仲介に不可欠な資格です。

　日本では不動産が資産として重要視されるので、常にニーズが高く、数ある国家資格の中でも抜群の知名度と人気度、活用度を誇っています。

　仕事で活かすこともでき、「就職や転職の武器」にもなります。

　法律系の資格の基礎として宅建士から弁護士に、宅建士から司法書士へと「キャリアアップ」する人も大勢見てきました。

　彼らに共通するのは、宅建士に短期一発合格すること。

　勉強の楽しさと合格のコツをつかみ、その勢いのまま次の資格も一度の受験で合格する人が多いということです。

　そうした意味でも、宅建士は活用度において他資格を圧倒しています。

「できれば国家資格を取得したい。けれど、何を勉強したらいいのかわからない」という方。

「勉強から遠ざかって久しい」という方。

「最小限の労力と時間、お金で短期一発合格したい」という方。

そんな方には、まず「宅建士」がおすすめです。

勉強のコツさえつかめば、3か月ほどの勉強で一発合格が可能なうえに、法律系国家資格の受験科目に重複する部分があって、次の資格取得の勉強にもすんなり移行することができるからです。

| ヒント |

宅建士合格の最年少記録を持つのは、愛知県安城市に住む、当時小学6年生（12歳）の男の子で、平成26年に合格を勝ち取りました。

最年少記録を持つ女性は、平成12年に神奈川県で受験し合格した14歳です。平成22年には15歳の女性が合格を果たしています。

こうしたスーパーキッズの存在は、特別なものではなく、何人も存在します。

「きちんと試験対策を立てて勉強すれば、社会経験のない学生でも合格できる」ということです。

「まだ社会経験がないから無理！」「仕事が忙しいから勉強時間がない！」などと考えず、若くても多忙を極める社会人でも、積極的にチャレンジしてみる価値のある資格です。

また宅建士には受験資格がないため、何歳でも受験すること

ができます。その意味でも非常に可能性のある資格だと言える
でしょう。

| Memo・Point |

まずは、受験資格がなく、
他資格への応用も効く
「宅地建物取引士」がおすすめ！

16

活躍のフィールドが無限の
「行政書士」

私は「行政書士ほど工夫しだいで仕事が増えていく、活躍の
フィールドが無限に広がる資格はない！」と考えています。

行政書士は、法律問題の許認可手続きや、行政に関わる法律
全般のコンサルティングなどを行う資格です。

建設許可に関する申請から会社設立、相続遺言、外国人の出
入国事務、風俗営業許可関係、各種契約書の作成など、関連す
る業務は1万以上とも言われています。

かつては書類の手続きをする「代書屋」のイメージが強かっ
たのですが、情報化時代、コンピュータ社会の今では、「行政
全般のコンサルタント」の役割が大きくなっています。

行政書士を本業として安定した収入を得ようとするならば、
役所への許認可業務を得意分野に選んだほうが、1つのクライ
アントから繰り返し仕事を依頼されたり、紹介を得られたりす
る可能性が高いでしょう。

一案件あたりのギャランティーが他士業と比べて少ないのが
難点ですが、許認可業務はルーティン化しやすく、数をこなし
て収入を上げることもできます。

高収入を得るポイントは、クライアントにいかに質の高いサービスを提案していけるのかに大きく左右されるでしょう。

　私も取得している資格ですが、「行政書士」として開業はしなくても、「行政書士」の勉強をしたからこそ、ビジネスの成否を決めるような難局も乗り越えられたと実感しています。

　開業や事業の拡大など許認可申請に役立つのはもちろんですが、法的思考力が磨かれ、お客様からのクレームに対しても、冷静な判断で対応ができるようになりました。
　それまでの私は、感情的に物事に対応するところがありましたが、法律の知識を身につけたおかげで、どんな相手に対しても理路整然と対応できるようになったのは、自分でも驚いています。

　それでは下記に、行政書士で活躍するポイントをまとめます。

【 行政書士で活躍するポイント 】

　1．起業に特化したマーケティング活動を行う
　コロナ禍で企業倒産、失業を余儀なくされたり、働き方改革で自由な時間が増えたり、副業を認める会社が増えたり、フリーランスで働く方が増えていることが追い風になっています。

　2．許認可業務をルーティン化する
　安定収入が見込めます。

3. 中国語・英語・韓国語などを習得する

外国人就労、出入国業務関係など、社会のグローバル化に対応する分野は、先輩行政書士の苦手分野です。そこを狙えば、収入の道も増えるでしょう。

4. 他資格との合わせ技で活躍する

とくに宅建士、社会保険労務士がおすすめです。業務の幅が広がり、法人の顧問契約で安定収入につながります。

5. コミュニュケーション能力を磨く

コンサルタントしての信頼性が高まります。

6. SNSの活用・ユーチューブ・音声配信などを活用する

ホームページの充実を図るのはもちろんですが、リモートツールで広く名前と顔を売ることで、クライアントがアクセスしやすくなります。書籍の出版のきっかけにもなります。

フリーランス時代の頼りになる
「街の法律家」を目指そう！

17

需要急上昇の万能資格
「社会保険労務士」

「社会保険労務士」は、どんな企業でも必要とされる社会保険、労務保険の事務を含む人事、労務管理のエキスパートです。

社内でのキャリアアップはもちろんですが、「独立・開業・副業にも威力を発揮する万能資格」でもあります。

年俸制の導入や早期退職制度、副業を認める企業の増加、コロナ禍に伴う失業など雇用を取り巻く環境が複雑化・多様化する現状では、社会保険労務士の需要は拡大する一方です。

かといって、「リスクを冒さずに社員をリストラしたいが、どうしたらいいのか？」というクライアントの相談に、「労働基準法通りでないとダメです」というような型どおりの受け答えしかできない社会保険労務士は役に立ちません。

「コンサルタントしての付加価値をつけられる人」が頼りにされるのは、他資格と同様と言えるでしょう。

社会保険労務士は、有資格者の６０％強が独立しているとされます。とはいえ、企業の保険業務を受注し処理する副業としてもおすすめできる資格です。

【社会保険労務士で活躍するポイント】

1. 中小零細企業と顧問契約を結ぶ

労務問題が多様化、深刻化する現在は、「社会保険労務士」の需要は高いと言えます。

その際、高額の顧問料よりも「数で勝負」するのがいいでしょう。

2. コンサルティング能力を磨く

経験則ですが「社会保険労務士」は収入格差が大きい資格です。

実務能力があるのは大前提ですが、クライアントの要求を満足させる能力は欠かせません。

3. 他資格との合わせ技で活躍する

とくに「行政書士」がおすすめです。

業務の幅が広がり、法人の許認可業務、人事、労務、社会保険一切を任されると、顧問料のアップも見込まれます。

コンサルティング能力を磨こう！

18

人材育成、採用活動で重視される「ＩＴパスポート」

　「ＩＴパスポート」は、ＩＴを利用・活用するすべての社会人をはじめ、これから社会人になる学生が備えておくべき、ＩＴに関する基礎的な知識が証明できる国家資格です。

　試験では、新しい技術（ＡＩ、ビッグデータ、ＩoＴなど）や手法（アジャイルなど）に関する知識をはじめ、経営全般（経営戦略、マーケティング、財務、法務など）の知識、ＩＴ（セキュリティ、ネットワークなど）の知識、プロジェクトマネジメントの知識など、幅広い分野の総合的知識が問われます。

　今やＩＴは社会の隅々まで浸透し、どんなビジネスでもＩＴなくして成立しません。

　つまり、どのような業種・職種でも、ＩＴと経営全般に関する総合的知識が不可欠ですし、事務系・技術系、文系・理系を問わず、ＩＴの基礎知識を持っていなければ、企業の戦力にはなりません。

　ビジネスのグローバル化が進み、ＩＴの高度化はますます加速しますから、この分野の知識を持った人材は今後も強く求められるでしょう。

　「ＩＴパスポート」は、２００９年に開始した比較的新しい国

家資格ですが、多くの方に受験されており、社会人やこれから社会人となる学生など幅広い層から支持されています。

　企業では、社員の人材育成に幅広く活用され、採用活動におけるエントリーシートへの記入を求める動きが広がるなど、多くの企業で積極的に活用されています。

　大学や高校でも、「ITパスポート」のシラバス（講義の内容やスケジュール、または成績の評価の方法など「授業計画」が詳しくまとめられた資料のこと）に沿った授業を行う学校もあり、合格支援のための対策講座を開設する学校も増えています。

「ITパスポート」という名前には、強い思いが込められていると言います。

　日本から出国する際には、身分を証明するためにパスポートが必要であるように、IT化が進んだ現代社会に羽ばたくために、社会人として必要な基礎的能力を持っていることを国が証明する試験（パスポート）として誕生したそうです。

　これから社会人となる学生や、今社会で働く社会人に、ぜひ挑戦してほしい必須の資格と言えるでしょう。

　IT系資格は、
　世界に羽ばたく武器になる！

19

自己責任時代の強い味方
「ＦＰ（ファイナンシャル・プランナー）」

「ＦＰ（ファイナンシャル・プランナー）」は、今注目を集めている国家資格で、お金に関する幅広い知識を有した「専門家」です。

ファイナンシャル・プランナーには、国家資格である「ＦＰ技能士」と、民間資格である「ＡＦＰ・ＣＦＰ」があります。

ＦＰ技能士には３級から１級が存在し、２級ＦＰ技能士とＡＦＰ、１級ＦＰ技能士とＣＦＰがそれぞれ同じ難易度とされています。

多くの人達は、自分自身が何歳で定年を迎えるか、そのときに子どもは何歳になっているか、という点は意識していますが、そのときに備えて、教育資金をどれだけ貯めればいいのか、老後資金や住宅購入の頭金をいつから用意し始めればいいのかなど、具体的なプランはわかりにくいのではないでしょうか。

加入している保険が家族にとって適切な内容なのか、疑問に感じている人もいるでしょう。

また株式や投資信託に興味を持っている人は、その運用方法について、専門家からの知識を得たうえで始めたいと考える人も少なくないはずです。

そうした悩みや不安も、ファイナンシャル・プランナーに相談することで、クリアになります。

　適切なお金の使い方や貯め方のアドバイスや、家庭ごとの事情に即したマネープランの設計を行います。
　年収のほかに、価値観・家族構成・資産・負債・ライフスタイルなどの情報をヒアリングし、無理のない適切な手段を提案するのがＦＰの主な仕事です。

|　ヒント　|

　近年話題に上った年金問題や財政不安を機に、将来のお金に対しての不安を抱く方や資産運用に興味を持つ方が増えています。
　ソニー生命保険が全国１０００人を対象に実施した「ライフプランニング」に関する調査によると、全体の６２．６％もの人が家計や経済状態に不安を抱えていることがわかりました。
　さらに、ライフプランニングが将来の不安払拭に役立つと回答した方は全体の７５％、ライフプランニングのつくり方に不安を抱えている人も７５％でした。

　潜在的にライフプランニングを必要としている顧客は大勢います。
　ファイナンシャル・プランナーのライフプランニングという

仕事の認知度は年々上昇していますから、顧客開拓の難易度も下がり、「稼ぎやすい資格」になってきたと言えるでしょう。

| Memo ・ Point |

 「ファイナンシャル・プランナー」の需要
は高まる一方。自分のためにもなる
一石二鳥の資格！

時代が求める「マンション 管理士」「管理業務主任者」

「マンション管理士」と「管理業務主任者」は、どちらもマンション管理に精通する専門家であり、国家資格です。

立ち位置や設置義務の有無などには違いが見られるものの、試験の出題範囲や習得できる知識が重複することから、ダブルライセンスの取得に励む方も多いのが特徴です。

「マンション管理士」は、住民にとって快適なマンション暮らしの環境を守ることが役割です。

【マンション管理士の主な業務】

● マンションの管理規約および使用細則の作成
● 大規模修繕計画の策定
● 区分所有者間のトラブル解決へ向けた予備交渉
● マンション管理に関する住民相談受付

マンション管理士は、マンションに生じる日常的なことから、大規模修繕、建替え等までのさまざまな問題を取り扱い、管理

第2章 「仕事力」に直結する資格はこれだ

組合の相談に応じて解決していく、マンション化社会を迎えた日本において時代が求めるスペシャリストです。

　近年、改修や建替えによるマンション再生の専門家の必要性、新築マンションに対抗できる中古マンションの資産価値保全の必要性、居住者の高齢化に伴い、バリアフリー改修の必要性、不動産管理の高度化・複雑化など、マンションを取り巻く問題は山積しています。

　一方「管理業務主任者」とは、マンション管理業者が管理組合への指導・重要事項の説明などを行う際に必要となる資格です。

【管理業務主任者の主な業務】

● 管理組合などに対して行う管理事務の報告
● 管理委託業務に関する重要事項の説明
● マンションの設備や組合運営に関するマネージメント

　管理組合に対して行う重要事項の説明や管理事務の報告などは、管理業務主任者の独占業務です。

　管理組合ではカバーしきれないマンション管理のマネージメントを、幅広い専門知識でサポートします。

　マンション管理会社には、管理業務主任者の設置義務・独占業務があり、マンション管理会社の事務所ごとに３０管理組合につき１名が必要とされています。

【管理業務主任者の独占業務】

● 管理受託契約前の重要事項説明
● 重要事項に関する書面への記名・押印
● 管理受託契約にかかる契約書への記名・押印
● 管理事務に関する報告など

　管理組合のコンサルタントとしてだけでなく、管理組合やそれに携わる個人の諸問題を解決し、役立つことで、仕事の難しさ、楽しさ、魅力も実感できます。

　専門分野を１つ持つよりも複数持つほうが、競争力が増すことは言うまでもありません。
　マンション管理士・管理業務主任者資格をきっかけとして、ダブル・トリプル資格取得を目指すのもおすすめです。

ダブル資格取得で
ビジネス競争力を高めよう！

21

会社でもフリーランスでも
役立つ「簿記3級」

　簿記の資格は、その内容の難易度から1級〜3級までありますが、もっとも基礎的な「簿記3級」の内容を理解できると、商店や小規模の企業の経理が理解できるようになります。

　さらに、帳簿の付け方や適切な科目なども学ぶことができるため、技能資格としても有効です。

　簿記3級の資格を取得すると、商業簿記の基礎的な知識を習得することができ、経理関連書類の処理、および青色申告書類の作成が行えるようになります。

　主な業務には、「会計事務・経理・税理士補助」があげられます。

「会計事務」の役割は、企業の収支や金銭の変動などの財務状況を把握し報告すること。日々の記帳から、収支明細や決算書の作成、財産管理など多岐にわたります。

　これらの報告は経営者や金融機関、税理士などに行うため、コミュニケーション能力なども重要となります。

「経理」の役割は、企業のお金の流れを数字で管理すること。

　経理の仕事は日々の仕事、月次の仕事、年次の仕事に分ける

ことができます。これらの業務ももちろん重要ですが、経理の仕事の最終目標は「年次の決算対応」です。

　自社の決算に加えて、連結子会社がある場合には連結決算を行い、決算が終わると有価証券報告書や財務諸表などの資料を開示しなければなりません。
　さらに決算後には、監査のため税理士や公認会計士との折衝も行います。

「税理士補助」は、伝票の整理やデータ入力、資料づくり、その他の雑務といったアシスタント業務全般です（ただし、税理士の独占業務に抵触しない範囲で行います）。

　簿記3級の資格を取得することは、こうした仕事に就きやすくなること以外にも、次のメリットがあります。

【簿記3級の資格を取得するメリット】

1. 得意先の経営状況を判断できるようになり、営業活動にも役立つ。

2. フリーランスで活動する人が、確定申告や会計処理をスムーズに行えるようになる。

3. 簿記3級で基礎的な知識を身につけることで、2級や1級に挑戦するための基盤づくりができる。

簿記はどの級からでも受験できますが、いきなり上級へ挑戦するのと、3級で基礎を身につけてから挑戦するのとでは、効率がまったく違います。

　簿記3級の取得は、多くのビジネスパーソンにとってメリットがあり、より専門的知識を身につけたい人にとっても、有益であると言えます。

| Memo・Point |

商業簿記の基礎知識を身につけ、
仕事の可能性を広げよう！

22

景気や社会情勢に左右され
にくい「穴場資格」とは

本項では、試験に合格しやすく、景気や社会情勢に左右され
にくい「穴場資格」を3つご紹介します。

【医療事務】

「医療事務」は、女性に人気の資格です。病院で「レセプト作
成業務」という健康保険の請求先に、診療に要した費用の書類
を作成して請求したり、「受付業務」などを行います。

人命に関わることも多いのが医療の現場ですが、人の役に立
つという喜びは他にはないやりがいでしょう。

また、日常生活でも役立つ医療知識が得られるというメリッ
トもあります。

とっさの判断を迫られたときにあわてずにすむ、応急処置の
知識を蓄えておけるのは、医療事務ならではと言えます。

さらに、医療機関は全国にあるので、住む場所が変わっても
就職先を見つけることが比較的容易です。

未経験から就業することも可能なことに加えて、スポットで
の勤務や、決められた時間帯のみでの勤務など、ワークライフ
バランスを保てる働き方ができるのも魅力です。

【調剤薬局事務】

「調剤薬局事務」は、医療事務よりも難易度が低く、資格が取りやすいことが人気です。職場も豊富にあり、調剤薬局やドラッグストアでも働くことができます。

働く時間も病院と比べ融通が利くので、家事と育児の両立をすることができる、女性にはありがたい資格です。

調剤薬局は病院やクリニックと同様、全国のどこの地域でも必要とされています。引っ越しや家族の転勤などで場所を移ったとしても、仕事に困ることはないでしょう。

薬局ごとの細かな違いを除けば、仕事内容は基本的に同じですから、仕事の進め方を一度覚えてしまえば、どこでも働くことができるというメリットがあります。

調剤薬局事務は仕事上、薬剤師の説明を近くで聞くことも多いため、薬や医療の知識が自然に身につくのも魅力です。

また、レセプト業務を通じて保険制度についても詳しくなれます。こうした知識は、普段の生活にも関わってくるもの。

患者として自分や家族が医療機関にかかるときには、身につけた知識を活かせるでしょう。

薬の名前や種類だけでなく、医療や保険についての知識も身につけられるので、日々の生活に役に立ちます。

【登録販売者】

登録販売者とは、風邪薬や鎮痛剤などの第２類医薬品、第３類医薬品を販売できる専門的な公的資格です。２００９年までは、薬を販売できるのは薬剤師または薬種商販売認定試験に合格した人に限られていましたが、薬事法改正により、薬剤師が

いなくても登録販売者がいれば、スーパーやコンビニエンスストアなどでも薬を販売できるようになりました。

　勤務先は、ドラッグストアやコンビニエンスストア、大型スーパーマーケット、調剤薬局など。身につけたスキルを活かしながら全国どこでも働くことができます。

　登録販売者資格は、有効期限がないため一度取得すると一生有効です。

　そのため、結婚や出産後はパートタイムで働き、子どもが大きくなったらフルタイムや正社員など、そのときのライフスタイルに合わせた働き方を選択できるのも魅力です。

　家族の健康維持に役立つこともあり、女性におすすめしたい資格です。

　超高齢社会の影響を受けて、病院や調剤薬局は今後も継続的に需要があると言えます。実際、処方箋の受付枚数や調剤薬局の数は増加傾向となっています。

　最近は、ドラッグストア内に調剤薬局を併設するケースも見られるようになりました。

　そのため、将来的に「医療事務」や「調剤薬局事務」「登録販売者」がなくなることはまず考えられず、おすすめの穴場資格と言えるでしょう。

「医療事務」と「調剤薬局事務」、
「登録販売者」は不変の穴場資格！

第 3 章

自由を手に入れる
最短・最速勉強法

環境が勝負！ お金と時間をかけるな！

合格の8割は、勉強する 「環境整備」で決まる

　勉強は、机の上だけでするものではありませんが、カタチから入るとスムーズに勉強ができるのも事実です。

　しばらく勉強から遠ざかっていた方や、初めて資格取得に挑戦する人におすすめしたいのは、お気に入りの「勉強机」を選ぶことです。

　真新しい勉強机を前にすれば、「よし！ しっかり勉強して合格するぞ」という意欲が湧くだけでなく、合格した後には、ここが「オフィス」「自分の城」になると考えれば、ムダな買い物にはなりません。

　妄想をふくらませることも有益です。

「資格取得をしたらこんな仕事をして、こんな方々のお役に立ちたい」
「仕事ぶりが評判を呼んでクライアントから信頼を集め、マスコミから取材を受けたり、講演依頼が舞い込んだり、寄稿や出版の話がまとまるかもしれない」
「仕事が早い年収2000万円の社会保険労務士」
「ネットでの諸問題解決に精通している司法書士」

「不動産の売買から登記までワンストップで行う事務所を経営する宅建士」
「美し過ぎるＩＴジャーナリスト」
「イケメンフードコーディネーター」

　こうした華々しく活躍する自分の姿をイメージしながら、勉強机を選びましょう。モチベーションを高め、勉強を続ける大きな原動力にもなります。

　そこまでお金はかけられないという方や、新たに机を置くスペースがないという方は、キッチンやリビングのテーブルの一角を、勉強中は自分専用にしてほしいと家族にお願いするといいでしょう。

「勉強机は受験生の聖地」です。そんな意気込みを伝えれば、家族も理解してくれるはずです。

　ただし、勉強机の配置には注意を払いましょう。
　ドアが後ろにあると視線が気になってしまう人もいますし、前にドアがあるのも落ち着かないものです。そのあたりも考慮してください。

　勉強机だけでなく、部屋の環境を整えることも忘れずに。

　やる気が出るアロマを焚いたり、空気清浄機を備える。
　部屋の明かりはできれば、「昼光色」。
　青白い色の光で、文字をくっきりと見せるだけでなく、青色には覚醒効果で集中力を高めてくれるので、勉強部屋や書斎に

ピッタリです。

　長時間勉強を続けていると、目が疲れてきます。
　明るすぎても暗すぎても、目は疲労してしまいますから、明るすぎると感じたら、明度や青みをおさえてみてください。

　手元が暗く感じる場合には部屋全体の明かりのほかに、デスクライトをプラスするのがおすすめです。
　心地よい空間をつくれば、勉強がはかどること間違いなしです。

| Memo・Point |

まずは勉強机を新調し、
部屋の環境を整えよう！

24

「お金をかけない勉強」こそ
最短・最速合格法

　私は以前、英語を話せるようになりたいと、英会話の個人レッスンを受けた経験があります。

　後継社長のバトンを渡され、もっとも多忙を極めていた３３歳のころです。今ならば、オンラインでの個別指導が選択できたでしょうが、当時は対面授業。

　英会話教室に通う時間を省くために、私の都合に合わせて先生には自宅に来てもらいました。個人レッスンは高額なうえに、交通費やお茶を出したり、気を遣います。そうこうするうちに、受講を中断せざるを得なくなりました。学習環境を失った私のモチベーションは落ち、いつしか英語への興味も失いました。

　「もうこんな思いは二度としたくない！」と思った私は、そこから「お金をかけない勉強術」を意識し始めるようになりました。ポイントは次の２つです。

【お金をかけないポイント①】
　→　参考書、テキスト、問題集はそれぞれ１つに絞る

　基本的な記述はどれも同じです。見せ方が違うだけのものを

複数購入して学ぶのは、お金と時間のロスにしかなりません。合格を勝ち取る鍵は、「繰り返し学び続ける」ことです。

【お金をかけないポイント②】
　→　ユーチューブを活用する

　たいていのジャンルは、すでに動画としてアップロードされているものです。
　英会話・簿記・宅建士や行政書士、ＩＴパスポートなどの国家資格・Ｗｅｂデザイン・プログラミング……数えされない動画が日々投稿されています。本当に素晴らしい時代ですよね。
　興味はあるけれど、最初はお金をかけずに触りだけ知りたいというようなときには、これほど頼もしい学習ツールはありません。興味のあるものはどんどん視聴してみましょう。

　その際、配信者は有資格者か、顔と氏名を明らかにしているか、著作があるかを確認し、チャンネル登録者数や配信頻度なども選択のポイントに入れてください。

　ユーチューブは、「耳での学習ができる」というメリットもあります。
　たとえば車の運転中や何か作業をしているときにユーチューブをラジオ感覚で利用して学習することができます。
　ユーチューブのレコメンドは、登録チャンネルや再生した動画をベースに選ばれる傾向にあるようです。
　そこで、私は学習専用のチャンネル以外は登録しないようにしていました。こうすると、学習動画に集中できるようになり

ます。

今までは、新しいことを学ぶとき、セミナーや教室に通うことがほとんどでした。

しかし、今はお金をかけずに通勤や通学時間やリビング、お風呂の中でも勉強ができます。

お金や時間をかけたから、合格できるというものではありません。むしろ、勉強ツールを絞り、インターネットを活かす。そんな勉強こそ、最短・最速合格法と言えます。

| Memo・Point |

勉強ツールを絞り、
インターネットを賢く活用しよう！

25

合否を左右するテキストと
問題集のかしこい選び方

「テキスト」は、できるだけ薄く余白があるものを選びましょう。

余白は、疑問点や気になるポイントなどを書き込むスペースとして使います。

薄いテキストを選ぶといっても、そのすべてを理解するのは簡単なことではありませんが、試験対策としては十分です。

資格試験は満点を目指すものではありません。

満点合格者もギリギリ合格者も、社会からみれば同じ資格保有者ですから、難解で分厚いテキストを選んで勉強意欲を失いそうになったり、マニアックな分野まで手を広げ、時間のムダ遣いをする必要なんてありません。薄くて持ち歩きしやすいテキストを選びましょう。

「問題集」は、どれを選んでも大差はありません。

過去、試験に出題された「過去問」を軸に、出題が予想される問題が網羅されていますから、使いやすさを重視して選ぶといいでしょう。

できれば解答ができたかどうかの「チェック欄」があるもの、

３回分くらいのチェック欄がほしいですね。

　それは最低でも３回は繰り返し学ぶ必要があるという意味でもあります。

　私は、「ビリビリ破りやすい問題集」を選ぶポイントにしていました。

　何枚か破って携帯し、信号待ちや電車の乗り換え時間など、スキマ時間に勉強ができるからです。

　試験の出題分野をシャッフルして勉強することもできます。

　過去問題集はお行儀よく勉強していたら、自然と正誤のクセを覚えてしまいます。それでは本当に理解しているのか疑問ですよね。その点を解消するためにも「シャッフル問題」は活きます。

　本試験が迫るころになると、「予想問題集」が数多く出版されます。どれが正解なのか戸惑ってしまうかもしれませんが、あくまで出題傾向を知る情報収集のためと理解しましょう。ですから１冊で十分です。

| ヒント |

　私が行政書士の勉強をしているときに、他社との差別化をはかるためなのか、難問奇問だらけの予想問題集を見つけました。緊急出版したのか、解答や解説に間違いがある問題集もありました。

　「こんな問題が出たら、皆解けない」「惑わされるだけ損」とスルーしましたが、間違いのある問題集に影響を受け

た受験生がいたとしたら、残念ですよね。テキストも問題集も、とにかく量よりも質。自分好みのものが1冊決まったら、それに集中しましょう。

| Memo・Point |

予想問題集は、
出題傾向を知る情報ツール。

短期一発合格した人と 「トモダチ」になる

短期の勉強で資格取得する方に共通するのは、「明確なビジョンを持っている」「理想の資格像や資格取得後の自分の姿をイメージしている」ということです。

漠然と「資格を取りたい」ではなく、「なぜ取りたいのか」「将来どうなりたいのか」という目標が、学習意欲のキープにつながっています。

また、短期一発合格者は「忙しい人」が多いのも特徴です。

忙しいほど、時間の使い方が上手ですから、５分や１０分のスキマ時間も活用し、移動時間や就寝前のちょっとした時間もムダにしないで勉強にあてています。

資格学校での友達や勉強仲間は、よけいな情報を耳にしたり、つきあいに時間を費やし、邪魔になることもありますが、目指す資格に短期一発合格した人とは、仲よくするべきだと考えます。

なかでも、「前年度の短期一発合格者」が最適です。彼らは旬の資格試験情報の持ち主であり、優れた勉強のコツを教えてくれる先生でもあるからです。

では、彼らをどう探すのか？　今はＳＮＳで合格体験記を

発信している方やブログを公開していたり、音声配信やユーチューブでの動画配信をしていたりするので、家にいながら彼らと親しくなることができます。

その際、自分と「年齢やライフスタイルが近い人」がより好ましいでしょう。共感できる部分が多いほど、「自分も合格できる」と確信できるようになります。

短期一発合格する人は、学ぶことそのものを楽しもうとする姿勢があります。学生時代には感じなかった「学ぶことのおもしろさ」は、大人になってからこそ、実感できるものです。

「トモダチ」は、
短期一発合格者に限る！

27

独学に重要な情報収集と
モチベーションアップ術

たとえば行政書士試験では、一般知識３科目、法律科目５科目（憲法・基礎法学・民法・行政法・商法）の合計８科目が出題されます。試験形式は５肢択一式、多肢選択式、記述式。

受験を決めたら、まずは「行政書士試験対策に特化したテキストと問題集」を準備する必要があります。

商法は範囲が広いにも関わらず、出題割合が低いので、専門書で学習するのは効率が悪いです。

いくつもの資格予備校が創意工夫したテキストを出版していますから、書店で手に取り、活字の大きさやデザイン、紙の手触り、相性などを考慮し、本試験まで継続して使えるものを選びましょう。

どんな資格試験にも、合理的な勉強ノウハウがあります。

インプットの仕方、過去問の活用方法、時間配分など、受験ノウハウを知らないまま始めたのでは、時間もエネルギーもムダに消費することになりますから、「受験テクニックに関するノウハウ本」を何冊か読んでみるといいでしょう。

行政書士ならば、「合格体験記」を読みあさるのも得策です。

すべての科目を満遍なく学習するのは非常に非効率的です。そのための最高の武器が「過去問集」です。過去問は本試験に対する情報の宝庫です。

　学習の早い段階から過去問を読みましょう。
　いきなり解説を読んでも構いません。
　どの分野が頻繁に出題されているのか、どのあたりで引っ掛けてくるのか、過去問を分析することで見えてくるものがあります。

　また「法令の改正点、一般知識の時事ネタ」といった最新情報も必須です。
　とくに民法は２０２０年４月に「民法の一部を改正する法律」が施行されることにより１２０年ぶりの大改正がありましたので、改正点を反映したテキストで学習すべきです。

「一般知識」も合格基準点を下回らないように、最低限の対策が必要です。普段からニュースをチェックし、不明な用語はネット検索などで調べておくといいでしょう。

　独学であっても、ときにはプロの手を借りましょう。
　大手受験予備校の「模擬試験」は受験すべきです。
　メリットは次の４点です。

①　本試験を追体験する
②　到達度を知る
③　ヤマを知る
④　時事問題対策

独学だと、勉強のペースが乱れがちです。

それを防ぐためには、まず予定表に年間スケジュールをざっくり記入します。そのうえで、毎月のはじめに月間スケジュール、週はじめに週間スケジュール、１日のはじめにその日の予定というふうに落とし込んでいくといいでしょう。

独学による行政書士試験は１年近くもの長丁場です。

通信講座などの利用者であれば、インターネットなどを通じて担当講師に質問することも可能ですし、モチベーションの維持もしやすい環境にあります。

しかし孤独な独学者にとって、モチベーションの維持こそ最大の壁。そのため、身近な人に受験することを宣言したり、勉強した結果のメモとしてブログを書いたり、ＳＮＳで発信するのもいいでしょう。頼りになる先述の「先輩短期一発合格者」と出会える可能性も高くなります。

あるいは、「令和○年、私は行政書士に合格している」と書いた紙を部屋に貼り、毎日声に出して読むこともおすすめです。

さらに「合格したら青山で事務所を開く」「独立後７年で年収２０００万円」といったように、合格後のイメージをノートに書いておいて、毎日読み返すのも効果的です。

モチベーション維持のために
ＳＮＳを活用しよう！

28

勉強を続けられる人の「まわりを味方につける技術」

　勉強するには、ある程度のお金と時間を投資することになりますから、家族の協力が欠かせません。

　あなたがワーキングママさんなら、「日曜日の夕食はごちそうを作るから、平日は手抜きをさせてね。資格に合格したら、温泉旅行に行こうよ」と言ったり、働き盛りのビジネスパーソンならば、「早く起きて勉強するから、びっくりしないでほしい。協力してくれるかな？　合格したら、グルメツアーに行こうね」と約束したりするのがおすすめです。

　何かに目をつぶってもらうには、お返しをしっかり用意して「勉強賛成派」になってもらうことがいちばんです。

　勉強の目的を宣言することも有効です。

　「前とは少し違う生活スタイルになるかもしれないけれど、勉強して自分の売り物を磨いて収入を増やしたい」「自分だけでなく家族の経済的自由と精神的自由を得たい」などと伝え、きちんと理解してもらう必要があります。

　一人暮らしならば、親しい友人には、「資格の勉強をしてい

る間、つきあいが悪くなるかもしれないけれど、一度で合格し
たいから理解してほしい。合格したらご馳走するからね」。そ
んなふうに声がけをしてもいいでしょう。

　どんなに理解してもらっていても、勉強中に「感謝の気持ち」
を忘れてしまってはおしまいです。
　間違っても「自分は勉強しているから、その他のことにかまっ
ていられない」という態度をとってはダメですよ。

　面と向かって感謝の気持ちを伝えるのが恥ずかしくても、せ
めて勉強の進行状況は報告しましょう。
「模擬試験まであと１か月なんだ」「緊張で眠れない」など、
正直に報告するだけでも感謝の気持ちは伝わるはずです。

| ヒント |

　小さなお子さんがいる人は、「勉強しているから協力し
て」と言い聞かせても、限界があります。そこで、「一
緒に勉強することで子どもと過ごす時間をつくる」のも
いいでしょう。
　問題を読んでもらって自分が答える「クイズ形式」で
過去問に挑む。勉強している自分の傍らで、お絵かきや
宿題をしてもらう。
　歴史や漢字のクロスワードパズルならば、自分は一般
知識の勉強になりますし、子どもの情操教育にもつなが
ります。工夫次第で家族サービスをしながら勉強もでき
るのです。

「資格の勉強中だから、家族サービスは無理」なんて杓子定規に考えずに、「家族にあなたの応援団になってもらう」のが、合格を勝ち取るパワーになります。

| Memo・Point |

家族や友人を「応援団」にしよう！

29

勉強が無理なく続けられる
「ごほうび作戦」

　自分が自由になる時間のほとんどを「勉強」にあてている人は、「ごほうびデー」をつくりましょう。

　どんなにノリノリで日々学んでいても、資格取得にはそれなりの勉強期間が必要ですから、終始同じモチベーションで続けられる人はまれです。

　好きなことを学んでいる時間は最高だからといって、勉強漬けの毎日では「解けるはずの問題ができなくなった」「同じミスを繰り返す」「何となくやる気が出ない」というように、中だるみを感じてしまうものです。

　そうなると、勉強がつらい、テキストを開くのさえ憂鬱、苦しい……といった焦燥感や虚脱感からマイナス思考に陥り、楽しかった勉強も続けるのが難しくなります。

　そんな状況を未然に防ぐのが「ごほうびデー」です。

　たとえば1週間の中で半日、土曜日の午後は、勉強以外のことをして過ごすと決めます。

　サウナやトレーニングで汗を流す。新作の映画を観る。話題のグルメスポットに出かける。カラオケに興じたり、友人とバーベキューを楽しんだり。とにかくごほうびデーのメニューは何

でもＯＫです。

　ごほうびデーが待っていると思えば、多少勉強のスケジュールが厳しくても、何とか乗り切ることができます。

　ごほうびデーのコツですが、半日をあてるなら、午前中は勉強をして午後は遊ぶこと。

　逆にすると、「もう少しだけ遊ぼう」→「今日は勉強はやめておこう」→「たまにはいいよね」→「まあいいか」という流れになってしまいがちだからです。

　あるいは、「何ページまで終えたらコーヒーブレイク」「過去問集の８割が解けたら、ダイエット中だけどスイーツを許す」「この箇所が理解できたら、小休止する」など、「ごほうびマイルール」を決めておくのもいいでしょう。

　「ごほうび」は、メリハリのある勉強生活を送るスパイス。

　スパイスですから、ほどほどに取り入れることは心がけてくださいね。

 「ごほうび」を設定して、
中だるみを解消しよう！

30

暗記よりも「やり直しの回数」を稼ぐように勉強する

　本試験で出題される「問題のパターン」は、ある程度決まっていますから、「暗記が必要な場所」はテキストのすべてではなく、「あるパターンの問題を解くのに必要な場所」だけです。

　過去問をやると、「解ける問題」と「解けない問題」が浮き彫りになります。これが重要です。解けない問題を探すのが、最初の大事な勉強だからです。

　そもそも点数を稼ぐためには、解けないところを「解ける」に変えればいいだけのことです。
「学生時代から暗記は苦手だった」「いい年齢だから覚えられない」とおっしゃる方もいますが、暗記が得意と胸を張る人は少ないですし、そういう意識が強いと本試験で足をすくわれかねません。

　解き方は１回で覚えようとするのではなく何度も繰り返すうちに自然に覚えると割り切ったほうが身につきます。
　憶えるまで解答とにらめっこするよりも、解答はさらっと見て、「なるほどね」と次に進み、後でやり直したほうが効率的に記憶できます。結果的に勉強時間も少なくてすみます。

つまり暗記よりも、やり直しの回数を稼ぐように勉強するのがコツです。

問題集は、何冊も同時にやる必要はまったくありません。1冊取り組むものを決めたら、それをすべてやり切ることです。そのほうが試験の点数につながります。

問題集に載っている問題は、すべて「頻出」の問題だからです。まずは、頻出のパターンを頭に入れましょう。「派生する箇所」を勉強するのは、そのあとです。

長く発売されている、信頼性の高い問題集やテキストを選ぶのも、勉強を効率よく進めるポイントになります。

試験対策はパターン学習ですから、長く親しまれている問題集やテキストは、それだけ「パターンの蓄積」がしっかりしているということになります。

ビジネス書や実用書は新刊が好まれる傾向にありますが、資格試験に関して言えば、重版や改訂を重ねたロングセラーがいちばんです。

頻出パターンを研究し尽くした、多くの受験生が使ってきた問題集やテキストを選びましょう。

問題集やテキストは、
ロングセラーを選ぼう！

31

図書館と勉強カフェの
かしこい利用術

勉強するのに適しているのは、自分がもっとも集中できる場所です。

無音状態が集中できるという人もいれば、多少雑音があったほうが集中できるという人もいます。

一人でないと勉強できないという人もいれば、家族や友人が近くにいる環境のほうがはかどるという人もいます。

理想的な勉強場所を見つけるためには、まず自分が集中しているのはどのような条件がそろっているときかを考えましょう。

ここでは私が受験生のとき、活用していた図書館と勉強カフェについてお話しします。

〔公立図書館〕

勉強場所としての図書館。その最大の特徴は、「静かさ」です。「静かな場所がいちばん集中できる」という人には、図書館こそが理想の勉強場所です。

私はまさにこのタイプでしたから、公立図書館を大いに利用させていただきました。

公立図書館は開館日や時間が決まっていて、それ以外は利用

できないという以外、デメリットは見つけることはできません。

　ですから「静かさ」が集中できるという人は、積極的に利用するといいでしょう。

　受験生のとき、私が頻繁に利用していたのは、自宅から徒歩１０分にあった「都立中央図書館」でした。

　区民や都民でなくとも自由に入館することができ、年齢制限はありません。

　受付で入館証を受け取り利用。入館証は、書庫にある資料やオンラインデータベース、複写サービスを利用する際に必要です。

　大きな荷物を預けるロッカーがあり、必要な方にはビニールの袋を貸してくれたのもいい思い出ですね。

　閲覧席数は約９００。

　カフェも併設されていて、私は日曜日には開館から閉館まで、ここで勉強していました。

　資格試験のテキストや問題集を広げる社会人や、司法試験に挑んでいると思われる学生さん方が多かった印象があります。その姿を見るたび、「私も負けてはいられない！」と自分を鼓舞したものです。

〔勉強カフェ〕

　一般的なカフェでの長時間の利用は迷惑になりますが、自習を目的として利用できる、「勉強カフェ」と呼ばれる店や、自

習室サービスを展開する業態の店舗が広まってきました。

　私が受験生のころは、首都圏にサービスが限られている感がありましたが、今は全国規模に展開されています。

　その多くは会員制ですが、利用規約に沿う範囲であれば、気兼ねなく勉強することができる場所。

　ドリンクバーや休憩スペースもあって、図書館では静かすぎるし、自宅では周囲の音が気になって勉強できないというような方には向いているでしょう。

　会員制でお金がかかるデメリットもありますが、「お金をかけた分は短期一発合格して取り戻す！」と考え、勉強のモチベーションにするといいでしょう。

| Memo・Point |

自分がもっとも集中できる場所を
見つけよう！

32

資格学校は
「独学のスパイス」と心得る

　独学で資格取得を狙う大半の受験生が勉強に使っているのは「市販のテキスト」や「過去問集」、そしてネット上にある「過去問」です。市販のテキストで勉強したあと問題集に取り組み、そのあと過去問。過去問でわからないところは、テキストで再度確認しながら勉強を進める——。これが一般的な勉強スタイルでしょう。

　過去問に関しては、インターネット上に公開されている過去問をダウンロードして使う方も近年は増えてきました。

　勉強方法は、テキスト、問題集、過去問が主ですが、スキマ時間にアプリを活用する人や、ユーチューブで勉強している人も多いようです（受験者数が多い試験は、動画サイトが多数あり、合格者の生の声も聞けますからおすすめです）。

　資格取得のための勉強についてよく語られることの1つに、「独学か資格学校か」というテーマがあります。

　私は、「最短ルートで合格したいのであれば、資格学校を使ったほうがいい」と考えています。

　資格試験の内容や難易度にもよりますが、勉強の習慣やコツが身についている人でないと、独学ではかなり難しいからです。

しかし、あえて独学を選ぶことで「戦略的に対策を考えながら、物事を遂行していく」能力を身につけることにも大きなメリットがあります。独学は、自己管理力や分析力、判断力、課題解決力といったスキルを高める訓練になるところは見逃せません。独学は、「ＰＤＣＡサイクルを回し、自分自身で試行錯誤しながら、絶えずブラッシュアップを図っていく」ことで、単に知識だけでなく、総合的なビジネス力や人間力を高めるきっかけにもなるわけです。

　独学も資格学校も一長一短はあります。
　ですから、「効率的に資格を取ることを重視するか？」「資格取得を通じて総合的な自己成長を図るのか？」、あなたがどちらを優先するかで決めるのも策です。

　とはいえ、独学を選んだとしても、資格学校で行われる模擬試験は受けるようにしましょう。本試験のリハーサルになり、最新の出題傾向を知る意味で欠かせないものだからです。
　この点を省くと、自分のレベルが不明瞭なまま、本試験で実力を発揮することができなくなってしまいます。本試験に似た緊張感を知らないで、受験するのは無謀というもの。お金をかけずに短期一発合格を果たすという意気込みの人でも、「模擬試験」は必ず受けるようにしましょう。

資格学校で行われる「模擬試験」は
必ず受けよう！

33

勉強効果を上げる
「記憶力」の高め方

　資格試験の勉強で大事なのは、テキストを1冊に絞ってとことんやり込むことです。教材をコロコロ買い替えて浮気をするのは、合格しない人の典型です。

　記憶の定着に重要なのは反復です。その意味でも1冊のテキストを何度も読み返す勉強法は、シンプルかつ非常に効果的です。

　テキストを読み込むポイントは、まず全体像をざっとつかむように流し読み（マクロ読み）をして、それから細かく読み込む（ミクロ読み）ことです。

　細かい知識をひととおり学んだら、次に読み返すときはマクロ視点に戻る。そのまた次に読むときは、さらにミクロな知識を読み込んでいく。そんなふうに往復しながら読み返しましょう。

　固有名詞や法律用語、英単語を覚えるときなどに重要なのが、「思い出すための手がかり」をつくっておくことです。

　古典的ですが、「語呂合わせ」や、暗記したい情報同士のあいだに「論理的つながり」をつくるのがポイントです。

　早い段階で思い出すための手がかりをつくっておけば、記憶が定着するまでの復習回数を最小限にとどめられるはずです。

経験則ですが、「記憶はインプットするときではなく、思い出すときにこそ定着しやすい」もの。過去問集で「思い出すプロセスを経る」ことが必要です。

| ヒント |

　ワシントン大学が２００７年に発表した実験でも、テスト形式での復習が記憶の定着に寄与するとわかっています。
　「テストをせずに復習する」「選択式のテストで復習する」「短答式のテストで復習する」という３つのグループを比較したところ、１か月後のテストでは、「短答式のテストで復習」したグループの成績がもっともよかったそうです。

　また、最初から過去問集をベースに進め、わからないときだけ参考書を開くようにするのも策です。このやり方で時間を大幅に節約することができます。少しでも参考書を開く回数をおさえ、最短距離で実践力を身につけるようにしましょう。

「過去問集」で、
記憶の定着と時間節約を図ろう！

34

「過去問集」を
３００％活かす方法

　資格試験の難易度にもよりますが、基本的に「過去問集」は最低３回は解くようにしましょう。

　単に正誤の判断ができるだけでなく、「なぜその解答なのか」理由を押さえておくことが大切です。そうでないと、少しでもひねった出題をされたらアウトだからです。

　資格試験では、試験範囲全体のもっとも重要な２０％の中から８０％が出題されていると言われます。つまり試験範囲が膨大であっても、重要な部分というのは、じつはそれほど広くないのです。

　過去問には出題側が重要と考えている論点が凝縮されています。したがって試験範囲のうち最重要な部分を知るもっとも手がたい方法が、過去問を解くことなのです。

　過去問集は、さまざまな出版社から出ていますが、「解答と解説が詳しく書かれているものを選ぶ」のがおすすめです。

　年度別の過去問の前に分野別の解説があるものを選べば、より疑問点を解消しやすくなります

　過去問を始める前に、ほとんどの人はテキストを読むと思いますが、私は取得した国家資格のすべてで「過去問からスター

ト」し、過去問を熟読しました。

　最初は、テキストに目を通していませんから、正解が導けなくて当然です。それでも過去問集を優先させました。それは、法律用語に親しんだり、取得する資格に必要とされるスキルはどういうものかを知るためです。

　3回ほど繰り返し読むと、試験問題に頻繁に登場する法律や条文、用語、考え方、解き方など、資格の輪郭がはっきりしてきます。それからテキストへの勉強に移行すると、スムーズに頭に入るのです。

　過去問は繰り返し解くため、問題集に直接書き込むのは避けましょう。もちろん解きっぱなしにするのではなく、解答や解説を読み込んで理解し、間違えた問題には付箋を付け、解答や解説を熟読していきます。そのうえで、解説を読んでも理解できないときにはテキストに戻り、じっくりと頭にたたき込みます。過去問集の「読書」を3回、実際に「解く」のは最低3回繰り返すと、自分の弱点や間違いやすい傾向が見えてきます。

　ちなみに、資格試験の勉強では基本ノートをつくる必要はありませんが、何度も間違えてしまう問題は、「間違いノート」をつくってピックアップしておきます。こうした弱点を可視化する学習法が効率的です。

「過去問集」は、最低でも
読書3回・解答3回は繰り返そう！

35

「ネット上の資格情報」は
ここだけを見る

インターネット上にはさまざまな情報があふれていますが、資格に関して次の3つがポイントです。

1. 試験概要や資格の種類、難易度やその根拠などから、自分が目指すべき資格を選択する

2. その資格に短期一発で合格した方の体験記から、効率的な勉強法を知る

3. 合格者で経済的自由と精神的自由を手に入れている「成功者」が発信しているSNSやユーチューブなどから、刺激を受ける

ネット上からは、資格取得の知識を蓄えるというよりも、「勉強を続けるエネルギーやスランプ脱出のきっかけを得る」ことに重きを置いたほうがいいでしょう。

そしてここが重要！ 「合格体験記」は美化されがちですから、すべてが正しいとは思わないでほしいのです。

さらに、資格の「合格率」は参考にはするが、気にしない姿勢を貫きましょう。

前にもお話ししましたが、明らかに何年も挑戦している「ベテラン受験生」や、会社の命を受け仕方なく受験する、参加することに意義がある「オリンピック型受験生」、イケメン講師に憧れて受講をしている「追っかけ受験生」、勉強をしている自分に酔いしれている「ナルシスト型受験生」など、本気で合格を目指しているとは思えない人も含めての「合格率」なのですから、気にしなくていいのです。

一昨年に比べて昨年の合格率が厳しくなっていたら、試験が難しくなったとはとらえず、「本気の受験生が減った」と受けとめ、「本気で勉強している自分には関係ない」と考えてください。

また本試験が近づくころには、予想屋のように「問題」を提示するサイトや予言者のように「絶対、出る！」と豪語するSNSでの発言なども目にすることがあると思います。でもここはぐっとこらえて、SNSなどの発言はスルーしてください。

そういうものを目にするのはやめて、ひたすら「過去問集」を繰り返し解いたり、苦手な分野や間違いやすい論点を明確にする時間に当てること。短期一発合格を狙うには、ネットサーフィンに割いている時間はありません。

ネットサーフィンに時間を割かない！
SNS発言も無視しよう。

36

「ノート」をつくる人は
合格しない

　学生時代の授業では、ほとんどの方が教科書とノートを用意し、教師が黒板に書いたことを写しながら、重要だと感じたことを書いていましたよね。

　その経験が忘れられないのでしょうか、資格取得の勉強でも、綺麗に「ノート」をつくる人がいます。

　ノートをつくることが勉強の基本だと刷り込まれている人が多いことに驚きます。

　綺麗なノートをつくることに喜びを見いだし、ノートを使うことが勉強を続けていくモチベーションになっているのならば、悪いことでもないでしょうが、ノートをつくることが目的になっているようでは本末転倒です。

　資格試験の勉強では、わざわざノートを用意するよりも、適当な教材に書くことが重要です。テキストや参考書の余白に書き込めばいいのです。

　ノートにまとめなくても、使用する教材には、試験に合格するために必要な情報が、しっかり書かれています。

　書き込みをするならば、自分が後で見たときに思い出せる仕掛けとなるように、その教材に直接書き込んでしまえばいいの

です。

　書き込む目的は、知識や情報を頭にインプットすることと、アウトプットにつなげることです。
　ノートを取るという行為は、そのための方法にすぎません。ですから教材をノート代わりに使うほうが、ムダな時間や労力が減り、効率的に受かる勉強になります。

　「ノートを綺麗にまとめる」という作業に時間を取られたら、それだけで勉強をしている気になり、目標を達成した気分になることもあって、落ちる勉強法になりやすいと言えます。

　私自身は、資格試験の勉強に取り組む際に、ノートをつくったことは一度もありませんし、それで困った経験も一度もありません。
　現在でも講演や著作の中でも、「大人の勉強にはノートを用意する必要はない」と伝えています。

　あなたがノートを取る人であれば、本書を読んだことをきっかけに、ノートづくりをやめてください。サボってくださいね。
　もっとほかに、合格するために時間をかけることがあると気づくはずです。

必要な情報は、教材に書き込む。
ノートを取るのはやめよう！

37

「スマホ学習」で
合格できる資格ベスト3

「スマホ学習」の最大のメリットは、仕事や家事などで忙しく机に向かう時間がない人でも手軽に勉強が続けられることです。通勤時間や休憩中などスキマ時間で「学習を積み重ねることができる」メリットもあります。

　テキストを片手に講義動画を視聴し問題を解いたり、問題演習に取り組めるので、どこにいても自宅学習さながらの勉強ができます。

　また、スマホ学習が中心の通信講座は、従来の通信講座や資格学校に比べるとリーズナブルな値段で受講することができます（運営にかかる費用が少ないためで、講座によっては一般的な通信講座の半分以下というものもあります）。

　とはいえ、難易度の高い国家試験、たとえば税理士試験や司法書士試験、司法試験などの、合格率10％未満の最難関試験はスマホ学習には向きません。スキマ時間の勉強だけでは、とうてい勉強時間が足りないためです。ここでは、スマホ学習で合格できるおすすめ資格を3つ紹介します。

【宅地建物取引士】
　宅地建物取引士は、不動産取引の際に売り手と買い手の間に

入り、公正な取引を担う役割を持つ国家資格です。

　不動産の売買もしくは貸借の際に、土地や建物の状況を調査し、その結果を契約内容と共に「重要事項説明書」として顧客に交付、説明する仕事に携わります。宅地建物取引士の資格を持っていれば、不動産会社を中心に業界で重宝されるため、取得のメリットは非常に大きいと言えます。

【簿記】

　簿記とは、企業経営の状況を帳簿に記載する技術のことで、経理や会計の仕事には便利な資格です。就職や転職で有用なのは日商簿記で、スマホで取得するなら３級がおすすめです。

【ＩＴパスポート】

　ＩＴパスポートは、ＩＴ系の国家資格の中では入門レベル。合格率は５４.９％（２０１９年）であり、半分の受験者が合格する試験ですから、初めて国家資格に挑む方におすすめです。

　これらのスマホ教材は、通信講座各社が販売しているものだけでなく、合格者が無料で運営しているＷＥＢサイトや、過去問集もあります。利用する際は「最新の情報か」「信頼のおける配信者か」といった点をきちんと調べることが大切です。

　スマホ学習で、
　スキマ時間を有効活用しよう！

38

資格合格に役立つ
「新聞活用法」

社会人であれば、「新聞」を読む（電子版も）のは必須と言えますが、隅々まで読むのは時間がかかります。そこで、効率的な読み方と、資格試験での活用の観点から私の読み方をご紹介します。

まずは、読まずに眺めるような感じでひと通りページをめくります。そのうえで、じっくり読みたい記事があれば、昼休みや通勤時間に読むことをおすすめします。

新聞の下の扱いにある小さな「ベタ記事」には注目しましょう。企業のトップの情報や金融機関の情報なども載っていることがあり、経済の動きを知ることができます。

「広告欄」もチェックします。広告は消費者のニーズをいちばん表しているものですから、世間が何を求めているのか、どんなものが流行っているのかを知ることができます。

地方へ仕事やプライベートで出かけた折には、「地方新聞」やそこでしか入手できない「ミニコミ誌」「観光スポット誌」などを積極的に見ましょう。

今は地方の話題はネットからでも入手できますが、現地で目にするのは臨場感や信憑性などが比較になりません。

私は地方へ出張の折は、その地でいちばん購読者の多い新聞を必ず購入しています。するとその地方での流行や話題の人物、どんなグルメがあるのかなど、旬の記事が並んでいます。その中で興味を持ったことを調べたり、深掘りするのも勉強です。

　新聞を読む習慣がない人や一般紙は敷居が高いと考えるならば、「スポーツ新聞の社会面」から新聞に親しむのもいいでしょう。一般の新聞に比べると内容も簡単なうえに読みやすいので、その中で気になった記事を一般紙でフォローするやり方もおすすめです。

　資格試験では、新聞の内容が問われることはあまりありませんが、新聞を読む習慣が身につけば、「読解力や要約力」が高まり、試験で正誤の判断に迷うときや記述問題を解く際に役に立ちます。

　行政書士試験の場合、「一般知識」が問われます。出題範囲は政治・経済・社会と、個人情報保護・情報通信、文章理解ですが、政治・経済・社会の出題数が多く、7問前後。なかでも、「時事問題」が出されやすいのですが、対策が立てにくいのが難点です。

　時事問題は、過去問が役に立たないですから、受験生を悩ませていますが、新聞をしっかり読み解く習慣が身についていれば、その心配も軽減されるでしょう。

新聞は、「時事問題」と
「記述問題」対策の決め手になる！

39

「一般知識」は、「文章理解」を制することから始まる

　行政書士試験では、「一般知識」として14問が出題されます。そのうち6問以上正解しないと、法律分野でどんなに点数を稼いでも「足切り」で不合格になります。行政書士試験では、「一般知識」を捨てることは不可能です。しっかり対策しなくてはなりません。

　行政書士試験における一般知識の試験範囲は、「政治・経済・社会の分野」で7問程度、「情報（行政情報関連三法を含む）の分野」で4問程度、文章理解が3問出題されます。

　出題数から考えると「政治・経済・社会」の対策に重点を置くのがいいように思うかもしれませんが、実際の優先順位は「文章理解」→「情報」→「政治・経済・社会」です。「文章理解」が確実に得点できる分野だからです。

　試験では大学入試のように、1つの文章に複数問が出題されたり、細部まで読み取らせる問題が出題されるわけではありません。出題される文章は型通りの「評論文」ですから、正しい対策をすれば3問正解は可能です。

　そのコツは、「反復構造と対比構造」から課題文をしっかり読むこと。

多くの作者は、その主張を伝えるために、文章の構造にあるパターンをつくっています。たとえば「主張→具体例→主張」、「主張→具体例→主張→結論」などと繰り返される「反復構造」です。

一方の「対比構造」は、AはBであるのに対し、CはDである、といったパターンです。作者はAかCのどちらかを評価し、他方を批判する形をとることが多いです。この対比構造を読みとることによって、作者の主張を把握することができます。

問題文では「○○という違い」とありますが、どのような違いであるのか、対比されているものを明らかにしながら、○○字以内で説明しなさい」というものが多いです。

文章理解は、足切り回避の命綱であり、「一般知識の対策は文章理解から」と言っても過言ではありません。

では、どうしたら正解を導けるか？ 私は評論文や社説、ビジネス書の短めの項目を読む際に、「反復されている箇所」や「対比されている箇所」に注目し、読後に２００文字以内で要約することを繰り返していました。

どれだけ早く正確に文章の趣旨をつかみ、自分の言葉で要約できるかに力を注いでいました。

「反復構造」と「対比構造」を意識した「読書量＋要約回数」が文章理解を高めたと考えています。

読書する際は、
「反復構造」と「対比構造」を
意識しよう！

40

インプットしたら、
SNSで「アウトプット」

　SNSは、普段のコミュニケーションだけでなく、勉強の進捗管理やモチベーションの向上に利用できます。

　SNSを「勉強記録ツール」ととらえ、勉強した時間や内容を投稿しましょう。SNSの投稿は世界中に公開され、「人に見られている」という緊張感から、サボりにくくなるという効果も得られます。

　勉強記録の投稿専用のアカウント、いわゆる「勉強垢」をつくってみるのもいいでしょう。一例として、次のようなフォームをつくって毎日投稿するのはどうでしょうか。

　【勉強日時】５月１３日（金）５時〜７時
　【勉強内容】過去問集１３ページ〜２８ページ
　【進捗状況・課題】予定通り進めたが、３巡目でも同じ箇所を間違える。テキストと照らし合わせて理解度を上げる。ひねった問題が出題されても惑わされてはいけない。

文字だけでなく、写真で勉強の記録をアウトプットするのも
いいでしょう。いつどこでどんな勉強をしたかという記録を、
テキストや過去問集、筆記具、勉強机、勉強場所の風景など視
覚情報として残すのです。

　リアルな勉強の様子をアウトプットすることで、緊張感やや
る気、継続する力を鼓舞するのが目的ですから、「ＳＮＳ映え」
は考えないでくださいね。

　写真だけでなく、勉強アプリの画面を撮影、投稿するのも成
果やスケジュールの記録になります。

　またアウトプットするときは、勉強系のハッシュタグをつけ
れば、ほかのユーザーから見つけてもらいやすくなります。

　「＃資格取得」「＃短期一発合格」「＃宅地建物取引士」
　などのハッシュタグを検索ボックスに入力したり、他の
　ユーザーの投稿にあるハッシュタグをクリックすれば、
　同じテーマに関心があるユーザーが見つかります。

　ＳＮＳ上だけの仲間でも、言葉を交わしているうちに勉強の
苦しさや孤独感が和らぎ、楽しさを共有できます。

　私が受験生のときには、勉強前に「今から過去問集を解きま
す！」と投稿していました。フォロワーから見守られている気
持ちになって、やる気スイッチが入ったのを忘れることはでき
ません。

情報が脳に定着するのは、インプットではなくアウトプットのときです。アウトプットをするときは、得た情報を記憶から引き出す必要があり、「引き出す＝思い出す」というプロセスを繰り返すことで、情報が脳に定着するのです。

　SNSでのアウトプットには、「人に読まれる」というプレッシャーが伴う分、勉強内容の定着効果が高いと言われています。

　勉強内容をアウトプットする場として、ぜひSNSを活用してみてください。

| Memo・Point |

 SNSを
「資格試験短期一発合格」の
味方にしよう！

第 4 章

独学の習慣を通じて
身につくスキル

気がついたら、仕事術の達人になっている！

勉強で磨く習慣力は、
ビジネススキルに直結する

　英語の勉強を始めてみたものの途中で挫折する、減量に挑んだものの３日坊主に終わる等、何か始めても、習慣にできないで悩んでいる方も多くいらっしゃいますよね。

　そんな方も本書でお伝えする勉強法を実践すれば、習慣力が身につきます。

　この勉強法には、「モチベーションが続かない」「目標が高すぎる」「完璧にこなそうとする」「目標が不明瞭である」といった習慣力を妨げる要素がまったくないからです。

　勉強で習慣力が磨かれると、次のことが手に入ります。

【「習慣力」を高めるメリット】

　１．目標が実現できる

　仕事のスキルや数字のアップなど、日々の積み重ねが大事な目標は、習慣力が身につくと達成しやすくなります。

2．継続できる

習慣化された行動は、強い意志がなくても行うことができます。

「やる必要がある一方、面倒に感じる行動」も、習慣化してしまえば、継続して行うことができます。

3．自信がつく

行動の習慣化は、成果につながります。

1つのことを継続できたことや、何かを成し遂げた経験は、自信になり、さらなる挑戦や行動を促す原動力にもなります。

「勉強を始めたら、エネルギーが仕事以外のことに分散してしまうのではないか？」「勉強が気になって、仕事中落ち着かないのではないか？」と心配をする人がいますが、それはまったくの誤解。

勉強を始めると五感が鋭くなり、思いつかないような企画が生まれたり、いいヒントを発見できたりします。

さらに、勉強を始めるとさまざまなチャンスが生まれます。

資格学校に通うなら、仲間には大学生や主婦もいます。

またＳＮＳやユーチューブの勉強情報ならば、世界中の人とつながれるかもしれません。

そうはいっても、ときにバランスを欠き、仕事よりも勉強に夢中になることもあるかもしれません。

でもこれは本末転倒。

　私はその予防策として、勉強用のクリアファイルの表紙に「名刺」を張り付けていました。
「仕事があり収入があるからこそ、より高いレベルの仕事や高い収入を目指して勉強ができる」「経済的自由と精神的自由を手に入れるための行動ができる」と、名刺を見ながら自分に言い聞かせていたのです。

| Memo・Point |

「仕事があるから勉強ができる」
ことを忘れない！

42

資格の勉強に
「気合や根性」はいらない

言うまでもなく、勉強は「コツコツ行う」のが基本です。

どんなに優れた勉強法でも、それなりの時間と労力をかけなくては、身につくはずもありません。

とはいえ、大人の勉強には「遊び」が必要です。会社や得意先、仕事仲間など、まわりを見渡せばわかります。

「仕事ができる」「頼りになる」と評価される人は、ルーティンワーク一つでも他の人とは違って、楽しんでいるものです。

「ここを変えたら、効率よくできるかしら？」

「いいものにするには、ここがポイントになるかもしれない」

このように、工夫を加えながら楽しんで仕事をするからこそ、成果が上がって仕事ができる、頼りになると評価されるのです。大人の勉強も同じで、楽しんで勉強しないと成果が出ないものです。

学生時代優等生だった人には、１００点を取った人や限りなく１００点に近い人が偉いという「ランキング信奉タイプ」が少なからず存在しますが、資格試験ではその考え方は不合格を招きます。

「ランキング信奉タイプ」では、どんなに勉強をしても不安感にさいなまれ、達成感を得ることができませんから、勉強がつらいものに思えます。楽しくないから、実力を蓄える前にやめてしまう人もいます。

　他の受験生と比べることに意味などないのに、「皆はもっと勉強している」「この程度の勉強では合格しない」と、自分を追い込んでいきます。

　資格試験は１００点を要求されていないのに、自分で「１００点でないと意味がない」と決め込んでしまうのです。これでは勉強に楽しみなんて、見出せませんよね。

　挙句の果てに、「睡眠時間を削り勉強、食事や運動を疎かにする、家族や友人、仕事仲間とのコミュニケーションを怠る」など、気合や根性で資格試験を乗り越えようとする人がいまだにいます。

　資格試験に挫折するのは、「ランキング信奉タイプ」に多いと言えます。大人の勉強は、学校の勉強とはまったく違います。

　何を勉強するにしても、満点を目指さないのが重要。

　最終目標を定めたら、範囲を広げすぎず手を広げすぎず、目標に向かって段取りよく進めていく。

　気合や根性とは縁を切りましょう。

大人の勉強には「遊び」が必要。
どうやったら楽しめるかを考えよう！

43

満点を目指さず「合格点」をゲットする勉強法

技術を競うコンテストや、センスが問われるコンクールに出場して優劣をつける場合を除けば、大人の勉強は「合格点」に達しているか否かが問われます。

資格試験ではランキング評価ではなく、７０点が合格ラインならばそれを取ればいいわけです。

極端な話、満点合格でもギリギリ合格でも、評価は同じ「合格者」という扱い。

ギリギリの合格は不安でしょうから、勉強する際には資格試験の合格基準点を知り、その１割増し程度の加点を目指すといいでしょう。

合格基準点が７０点ならば、７７点くらいを過去問集や模擬試験などで、コンスタントに取れるようになれば、十分合格できます。満点を目指す必要なんて、どこにもない！　とにかく合格すればいいのです。

資格試験では「合格至上主義者」になってください。

カッコつけていい点数を取ったところで、誰にもわかりません。自己満足にしかならないのです。

やり方は次の通り、基本に忠実に行います。

【「合格点」を取る勉強のポイント】

1. 試験に頻繁に出題される分野を徹底的に勉強する
2. 過去問集を繰り返し解く
3. 答えの根拠が自分の言葉で解説できるまで学び続ける

　資格試験で合格を勝ち取るには、本気の受験生ならば稼げる点を落とさない勉強をすることに尽きます。

　学生時代に習った英語を思い出してみてください。それらは実際の英会話で、常に使うものでしょうか？
　難しい表現や文法の細かい点に気を配りすぎて通じないため、英会話に苦手意識を植え付けてしまった方もいらっしゃいますよね。
　ですから、「満点合格でなければ、意味がない！」という学生時代の勉強法は、きっぱりと捨ててください！
　細かな部分ばかりにとらわれて、先に進めないくらいなら、「絶対に落としてはいけないところだけをマスターする」くらいの気構えでいいのです。

「合格基準点」を知り、
その１割増しの加点を目指そう！

44

「合格必要時間」から
勉強スケジュールを組む

各資格には、「行政書士試験合格に必要な勉強時間は６００時間」というように、必要な勉強時間の目安があるものです。

資格の本や情報サイトなどに目安が紹介されていますから、参考にするといいでしょう。

合格体験記や短期一発合格者の動画なども目安になりますが、勉強習慣のある人や年齢や環境によっても時間数は異なりますから、惑わされないようにしてくださいね。

ライフスタイルが似ている人を参考に、自分に相応しい目安を設定すること。

大切なのは「できる限り短い時間で目標を達成すること」に尽きます。

１回で試験をクリアするためには、試験日に自分を最高の状態に持っていくこと。

たとえば、社会保険労務士の試験は真夏に行われますが、大切な試験日前に熱中症にかかって実力を出せなかった友人がいます。

また冷房が効きすぎる会場で、お腹の調子が悪くなって苦労した受験生もいました。

忙しい中で勉強するのですから、体調の管理はもとより、本試験日の気候や会場の設備などは、知っておく必要があります。

　４か月後に行政書士試験をひかえている受験生ならば、合格するために必要とされる勉強時間６００時間を本試験までの週間数１７で割ると、１週間の勉強時間は３５．２ですから、３５時間と決めます。

　３５時間を月曜日から金曜日の朝は４時から６時まで２時間勉強。

　土曜日の午前中は５時間、日曜日の午前中も５時間。

　月曜日から金曜日はランチの後３０分を問題演習の時間にあてると決めたら、残り１２．５時間は夜やスキマ時間などを活用して勉強にあてるようにします。

【うまくスケジュールを立てるポイント】

１．時間の主導権を握れる早朝や土日は勉強時間にあてる

２．土日の午後はオフ。好きなことをする

３．平日は仕事が優先。平日の夜は無理のない勉強にとどめる

社会人の勉強スケジュールは仕事が関わってきますから、調整しながら、計画を立てることが大切です。

「5月は出張が多いから、移動時間を活かして勉強しよう」とか、「水曜日はノー残業デーだから勉強時間が確保できる」といった現実に即した計画を立てましょう。

| Memo・Point |

時間の主導権を握れる「早朝」は、
勉強時間にあてるが勝ち！

45

「睡眠時間」を決めてから
勉強時間を整える

勉強スケジュールを立てるときの最優先事項は、「睡眠時間の確保」です。

個人差もありますから、何時間睡眠にあてればよいとは明言できませんが、7時間眠らないと調子が上がらないという人は、1日7時間は必ず睡眠を取るようにして、就寝時間と起床時間を先に決めましょう。

私は熟眠するタイプで1日6時間眠れば、爽快に目覚め軽快に行動できますので、6時間は必ず睡眠にあてるようにしています。就寝時間は20時で、起床時間は2時に決めました。

これは受験生のときも、今も変わりません。

夜はおつきあいや出張で勉強時間が取れなかったので、朝しっかり勉強することにしたのです。

そうはいっても、6時間の睡眠が取れない日もあります。

接待や講演会、その後の懇親会。打ち合わせや仕事が押して夜間になることもありました。

寝ようと思えば思うほど、目がさえてなかなか寝付けなかったりもします。

本試験が近づくころには、「マークシートのチェックミスをしてオロオロしている様」や「1点足りず不合格になって大泣きしている姿」など、悪夢で眠れない夜もありました。

それでも2時起床は崩しませんでした。
睡眠時間は短くなりますが、生活のリズムを崩すと後に響きますからね。
深夜まで勉強して、朝寝坊。あわただしくオフィスに駆け込むような夜型の生活を続けると、試験本番に対応しにくくなります。

かつては「四当五落」や「五当六落」なんて言われました。
4（5）時間の睡眠時間ならば合格するが、5（6）時間も眠るようならば不合格になるなんて、まことしやかに言われていましたが、これは大きな間違いです。
資格試験に合格するための最優先事項は、適正な睡眠時間の確保ですから、自分の適正時間を把握し、まずは睡眠時間の確保を最優先した勉強時間を組み立てるようにしましょう。

適正な睡眠時間あっての合格。
「四当五落」や「五当六落」は
ただの昔話です！

46

「早朝の勉強」は、深夜の
勉強より３倍身につく

　私は、夜に勉強をするのは極力避けたほうがいいと考えています。とくに新しい知識を追求して自分の中に覚え込ませたり、理解させたりする作業は、朝のクリアな頭のほうが、ずっと効率がいいと思うからです。

「早朝の勉強は、深夜の勉強より３倍身につく！」というのが私の率直な実感です。

　効率の面だけでなく、忙しいビジネスパーソンが夜勉強しようとしても、残業やおつきあいなどで時間がつぶれてしまうことが多いでしょう。

　疲れて家に帰って勉強しようとしても、眠気や１日の疲れでうまくいかないのものです。

　ですから、夜勉強することは想定しないで、勉強計画を立てることです。

「勉強できる時間ができたらラッキー」くらいの気持ちでいたほうがいいでしょう。

　仕事で帰宅が遅くなったら無理して勉強しないで、入浴して即、眠る。とっとと寝て、次の日の朝に勉強する。「勉強の中心は朝」と心得ておきましょう。

朝が苦手という人も多いと思いますが、とりあえず「まずは１週間だけ早起きをして勉強してみる」のはどうでしょうか？

　１週間続けば、次の１週間もできるし、そうなれば習慣化しています。

　掛け声一発、乱暴だけど「エイ！　ヤア！」と布団を蹴って起き、冷たい水で顔を洗えば目は覚めます。

　それに朝は、電話もなければメールも来ない。訪ねてくる人もいないですから、「静かな環境で自分だけのために時間が使える」のです。

　ときには、朝いちばんにオフィスに行って、同僚や上司が出社するまで勉強したり、出勤途中のカフェで朝食を食べながら問題演習をするのもいいでしょう。

「朝の果物は金」（朝食べる果物は、胃腸の働きをよくし、体の目覚めを促すため、健康によい）ということわざがありますが、「朝の勉強も金」だと考えます。

「経済的自由と精神的自由」を手に入れる、お金に直結する資格の勉強をするには、朝は「ゴールデンタイム」なのです。

勉強のゴールデンタイムは早朝。
早起きをすることから始めよう！

47

「スランプ」が来たら
全力で喜ぶ

　がむしゃらに勉強していた時期を超えると、「何のために勉強しているのか？」「合格することに意味があるの？」などと、「経済的自由と精神的自由を手に入れるために勉強をしている」という目的を見失いかけてしまうことがあるものです。

　私にも実際ありました。勉強は娯楽に等しい。勉強している間は、会社でのミスやトラブル、プライベートでのいさかいなど、嫌なことは忘れて熱中していたのに、誰にでも解けるような問題を模擬試験で取りこぼしたことがきっかけで、テキストを開くことすら億劫になりました。

　本試験まで2か月。立ち止まっている暇なんてないのに、「本試験でもミスをするに違いない」「苦手分野の克服なんて、できるはずもない」と、試験を受けることが怖くなったのです。

　こうなると、できていたことができない、暗記していたことを忘れ凡ミスを繰り返す……そんなスランプに陥りました。

　スランプに陥ると悪いことばかり考えます。寝坊して試験開始に間に合わない、交通事故に巻き込まれ試験会場にぎりぎり到着する、筆記具を忘れる、マークシートのチェックミスをする……ありえないことが脳裏をよぎりました。

勉強のスランプは、仕事のスランプよりも数倍つらいのです。

　会社の仕事は自分一人の成果ではありませんから、愚痴も言えれば、フォローしてもらえることもあるでしょう。

　でも、勉強のスランプは、自分で乗り越えていくしかありません。

　そこで、「受け取り方」を変えてみました。

　スランプに陥るのは、勉強の成果。

　正しい方法でコツコツ勉強してきた、「合格レベルに達した者」だけが突き当たる壁なのです。

　逆を言えば、きちんと勉強していない人には、永久に「スランプ」はやってきません。

　そう、「スランプを経験するのは、合格を勝ち取るまであと少し」ということなのです。

　その意味では「スランプ」は歓迎すべきもの。全力で喜びましょう。

「合格できるって、安心していない？」「初心に戻って勉強しよう」――。そんなふうに、なまじ問題演習でいい成績を上げていた私に、「スランプ」はお灸をすえてくれました。

　あなたも、「合格という頂上に上る人は、スランプを味わい、乗り越え、本物の実力が備わっていく」と解釈してください。

スランプに陥るのは、
「勉強の成果」だと考える！

48

「自宅での勉強に身が入らない」という人に

　自宅で勉強をするとしても、ジャージやパジャマ姿ではなく、私服に着替えましょう。ジャージやパジャマを着たままだと、気分は「お休みモード」になってしまい、勉強に身が入りません。

　コロナ禍になり外出自粛の影響で資格試験に挑戦する人や、英会話を学ぶ人が増えました。

　しかし、自宅学習がうまく進まないという声も多いものです。自宅学習で誰にも会わないとしても、着替えることで「お休みモード」から「勉強モード」へ切り替えやすくなります。

　もちろん顔もしっかり洗って歯を磨き、ヘアスタイルを整え、女性はナチュラルメイクをして、気持ちを切り替えることをおすすめします。

　自宅でしっかり勉強すると決めても、なかなかうまく進まないという人は、ぜひ試してください。

　自宅学習を効率よく進めるには、「ポモドーロ・テクニック」を活用するのもいいでしょう。ポモドーロ・テクニックとは、1単位を25分間として勉強を行い、その後5分間の休憩を挟み（1セットは30分）＝「1ポモドーロ」とする勉強法です。

　これを4回繰り返し（4ポモドーロ）、その後に長めの休憩（15〜30分）をとるのが一般的な活用方法です。

１単位が短いことで、集中して勉強を行わざるをえない状況をつくり、時間内に目標を達成しようとする習慣が自然に身についていく効果があります。

「２５分は短すぎないかな？」と感じるかもしれませんが、「もうちょっとできたのに」と自分を焦らせたり、「もっと勉強したいのに」と、やる気を高めたり、より集中力をかきたてられます。

　私もタイマーをセットして「ポモドーロ・テクニック」を駆使し勉強しました。その際、１時間半や２時間ごとに１５分〜２０分程度の大きな休憩をとるのを忘れないようにしましょう。

　大きな休憩ではストレッチでほぐしたり、部屋の中をぐるぐる歩きまわったりし、身体を意識して使いました。

　椅子から離れて窓辺に移動、新鮮な空気を感じながらコーヒーを飲むのもいいですね。

「ポモドーロ・テクニック」を活用して勉強をすると、５分、３分、１分……と時間が感覚的につかめるようになります。これは本試験の際に大いに役立ちます。

　１問を何分で解けばいいか？　正誤に迷うのは何分まで許されるか？　答えの見直しを含めた時間配分はどうするか？

　こうしたことを瞬時に考えることができるようになります。

「ポモドーロ・テクニック」で、
時間感覚を磨こう！

49

忙しい人は、
「スキマ時間」を使いこなす

　アイデアさえあれば、どんなところでも勉強はできます。この、「どこでもできる」という柔軟さが、資格試験合格のカギになります。

　せっかく身についた勉強習慣は、１日でもサボってしまったら、取り戻すのに時間がかかります。

　どんなに忙しくても、１日１０分や１５分なら勉強はできるはずです。１日１５分できれば１か月で４５０分、つまり7.5時間も勉強したことになるのです。

【トイレ】

　トイレは一人きりになれる貴重な空間。暗記したいことを紙に書き貼っておけば、１日に何回も目にすることになりますから、自然と覚えられます。

　たとえば「行政書士試験合格！　ありがとうございます」などと、目標達成を先行宣言した紙を貼るのもいいでしょう。

【移動時間】

　１０分間しか電車に乗らないとしても、暗記系の学習や問題演習にはぴったりのスキマ時間です。

　過去問集を行きと帰りで１０問解いた場合、月曜日から金曜

日で５０問になります。少しずつでも積み重ねれば、かなりの問題を消化することができるはずです。

　出張などで移動時間が長い場合は、テキストを見直したり、苦手な分野の復習の時間に使うといいでしょう。

　外食をしたときの料理が来るまでの時間やランチの後、信号待ちや電車の乗換時間、入浴時間など、日常生活の中で勉強に使えそうなスキマ時間はたくさんあります。

「時間が少ししかない」と思うからこそ、集中力が高まり記憶力が最大限に伸びるのです。

　１つのことをずっとやるのは苦手という方は、２５分〜３０分ごとに「違う科目を勉強」してみるのがいいですね。

　科目が変われば思考回路が変わり、気分も変わって集中力を持続させることができます。スキマ時間を意識することで、勉強の要領がつかめるようになります。

　スキマ時間で勉強をしたり、あえてスキマ時間をつくって気分転換をすることは、成績を上げるための有効な手段。

　少しの時間しかないから勉強を諦めるのではなく、「少しの時間だからこそ勉強できる」と考えましょう。

　まずは、１日の中で時間をどのように使っているか、ムダに過ごしている時間はないか、振り返るところから始めましょう。

埋もれている「スキマ時間」
を探してみよう！

勉強に活きる
「ルーティン」の決め方

　勉強の「ルーティン」を決める前に、1日をどう使っているのか振り返ってみましょう。

　仕事や睡眠、入浴、勉強など、それぞれの動作にどの程度の時間を要しているのかがわかれば、ルーティンとして有効活用できそうな時間帯や時間の長さが見えてきます。

　今日からルーティンを取り入れようとしても、ハードルが高い習慣は長続きしない可能性があります。

　朝起きたら深呼吸をする、笑顔をつくるなど、最初は日常生活の中で簡単にできることから始めましょう。

　「今日は気分が乗らないからやめよう」と毎日の動作を省略しては、習慣化の意味がなくなってしまいます。

　ルーティンには、モチベーションが高くなくても自然と身体が動くような手軽な動作を組み合わせるといいでしょう。

【机の上を整える】

　机の上が散らかった状態で勉強を始めると、まわりの物に気を取られて集中力が下がります。机の上には必要なものだけを置く、文房具は同じ位置に配置するなど、勉強用の環境をつくると「やる気スイッチ」が入りやすくなります。

【5秒間一点を見つめる】

　勉強を始める前に5秒間一点を見つめると、集中力がアップすると考えられています。

「絶対、宅地建物取引士合格！」と書いた紙を壁に貼る、勉強に使うペンを見つめる、など視線を集中させる場所はどこでも構いません。時間帯や場所に縛られることなくルーティンを実践できるよう、身近な物を焦点にするといいでしょう。

【勉強を始める前に「ガッツポーズ」をとる】

「よし、学ぶぞ！」「これで合格に近づくぞ！」という意味と、それまでの作業との切り替えをするために、私が取り入れていたルーティンの1つです。

　ときには「よし！」「さあ！」などと声を出して、さらに奮起を促すこともあります。

　ちょっとしたことですが、あっという間に「勉強モード」に変わるのでおすすめです。

　また、「毎日着る服のルーティン」を用意しておけば、組み合わせに迷う時間が省け、他の活動にあてることができます。

　さらに、「ランチのルーティン」を決めておけば、浮いた時間で問題演習をする時間が生まれます。

　ぜひあなたなりの工夫をしてみてください。

ちょっとしたルーティンで、
勉強時間が生まれ、やる気も高まる！

51

大人の受験生が陥りがちな「落とし穴」はココ！

「豊富な経験が邪魔をして、ちょっと知っただけで理解しているつもりになる」

　これは仕事ができる人、大人の受験生にありがちな落とし穴です。だからこそ、肩書きのある人は勉強している間、肩書きを忘れてほしい、一流大学を卒業した人は、学歴を忘れてほしいのです。

　小学6年生ぐらいになったつもりで、「そうなんだ、知らなかったな！」「とっても勉強になった！」と、1つずつ感激しながら知識を吸収、自分のものにしていくのです。

　「こんなこと常識だよ」「現実は、そううまくいかないけどね」などと言っていたら、勉強は身につきません。

　「知った気になる落とし穴」にはまらないように、受験生は素直がいちばんです。

　とくに「お金」のことは、気をつけたほうがいいですね。自由になるお金は若いころよりもあるはずですから、大人の受験生は教材に走りがち。たくさん問題集を買い込む、ありとあらゆる資格学校の模擬試験に参加する。

　答案練習会や模擬試験は、本試験の雰囲気に慣れるために欠

かせないですが、全部制覇することに意味はないですし、何冊もの問題集を買い込んで、やたら解いていくのも意味がない。

そんなことをしていたら体がもたないですし、できないところが増えたように感じて、精神的なダメージは大きくなります。

さらに、自分のペースが守れず、答えを導く思考回路もマヒします。

資格試験合格に傾ける情熱はわかりますが、かけるべきことはお金ではなくて、繰り返し学び続けること。

私は、「お金をかければかけるほど合格は遠のく」とさえ考えています。

過去問集は1冊、テキスト1冊、模擬試験はここ、問題演習会はここだけ……というように絞り込む。

予算を決めてやりくりしながら勉強するのが、合格への近道です。

教材にお金をかければかけるほど、
合格は遠のく！

資格試験に受かる
最強テクニック

この「やるべきこと」を実行したら鬼に金棒！

52

「試験会場を下見する人」
が合格する

本試験の試験会場を事前にチェックしておくと、当日の心の余裕がまったく違います。

下見なし「こちらの道を進んだ先かな？」。

下見済み「この道をまっすぐ5分進めば、会場に到着する」。

当日、どちらにメンタル的な余裕があるかは明らかでしょう。

試験当日は誰しも緊張します。ですから、あらかじめ駅から会場までの道のりや、会場周辺の雰囲気、街の景色などを一度でも見ておくと安心です。

当日、余計な心配や不安を抱かないためにも、試験会場を何となくでもいいので下見しておくことをおすすめします。

私が宅地建物取引士や行政書士の本試験に挑んだ際は、本試験一週間前に試験会場を下見に行きました。

迷わないためのルート確認ではありますが、会場に近づくほどに「合格する！」「絶対に合格する！」とモチベーションが高まりました。

なお試験会場を下見する際は、本試験日に利用する時刻の電車に予行練習として乗りましょう。

これは、電車の混雑具合や乗り換えに慣れておくため。乗車

する曜日も、可能な限り本試験当日と合わせたほうがいいです
ね。

　普段は電車通勤ではなく、バスやマイカーを利用している人
にとっては、電車に乗るというだけで緊張することもあります。
　ムダにメンタルを消耗しないためにも、試験会場の下見を兼
ねて、同時刻の電車に乗って慣れておきましょう。

　なお、自宅から試験会場までのルートは、数パターン押さえ
ておくことをおすすめします。
　会場に早めに着くように自宅を出発したものの、車両事故で
足止めになった受験生や、乗り継ぎがスムーズにいかず苦慮し
た受験生など、想定外のアクシデントにあった例は数知れませ
ん。
　安全対策やコロナ禍もあって、事前に本試験会場に立ち入る
ことはできないでしょうが、最寄り駅や街並みを眺めるだけで
も十分刺激を受けます。

　私が下見をした際は、最寄り駅から会場までの最適な道を「合
格ロード」と名付けました。
　会場に向かう際は、落ち着いて一歩ずつ。帰路は胸を張って
「合格ロード」を歩きました。

本試験と同じ条件で下見をしよう！

53

当日持参する「筆記用具」
で合否が決まる

　普段の勉強や模擬試験では、どんな筆記用具を使っていますか？　私が受験生のときには、普段の勉強はボールペン、模擬試験や本試験のマークシートはＨＢの鉛筆を使いました。

　勉強用のボールペンは、もっぱらゼブラ社のジェルインクブラックの０.５mm。書きやすく読みやすい文字になるので、好んで使っていました。こんなふうに、お気に入りの文房具を使うとやる気も変わってきます。

　ＨＢの鉛筆を使い始めたきっかけは、宅地建物取引士の答案練習会で、マークシートを塗りつぶすのに、それまで使っていたシャープペンでは塗るスピードも消すスピードも落ちるうえに、妙に力が入って危うく解答欄に穴を開けそうになったからです。

　本試験では、筆記具はＢかＨＢの黒鉛筆、またはシャープペンシルに限られます。

　マークシート解答で塗りつぶすことを考えれば、折れやすいシャープペンシルより鉛筆が無難。

　なお鉛筆は、２～３本用意しておくと安心です。

　デザインは六角形タイプを使えば、転がって落とす心配も無用です。

もちろん、消しゴムも忘れずに、複数筆箱に入れておきましょう。

　私は、使い慣れた消しゴムとおろしたてのもの、２個を持参しました。使い慣れた消しゴムは手になじんでいいのですが、消す箇所が増えると黒ずみ、うまく消せずストレスになります。

　そんなことで神経をすり減らしたくないので、新品も持参したわけです。

　試験の時間は限られていますから、ちょっとでも早く、快適に消せれば、ストレスフリーで試験に集中できます。

　消しゴム選びは、筆記具以上に大切なのです。

　軽い力で消せる消しゴムや、消しクズがまとまって本体にくっつくものや、マークシート用にピンポイントで消せる消しゴムも販売されていますから、好みのものをセレクトしてください。

　当日使う筆記用具を決めておく。それは、使い慣れている鉛筆や消しゴムでＯＫです。

　間違っても、筆記具や消しゴムを忘れ、当日コンビニで買った「臨時の筆記用具」で受験しないようにしましょう。

　これまで一緒に戦ってきた筆記用具は「相棒」です。試験当日も心強い味方になってくれるはずです。

　「消しゴム」選びは、
　筆記具以上に大切と心得よう！

54

資格試験は、「着慣れた
お気に入りの服」で挑む

　試験当日の服装は、決めておきましょう。そうでないと、当日の朝に悩み、時間とエネルギーをムダにします。若い方はファッションにも気を遣いますよね。

　でもそれは、合格した後のお楽しみにしてください。

　オシャレの必要がないというのではなく、やる気が出る日常着で、着慣れたお気に入りの服装を前日までに決めておくことをおすすめします。

　ビジネスパーソンで「スーツにネクタイ」が落ち着いてやる気が出るというならばそれでもいいですが、長時間座ることを考慮して、肩の凝らない、しわが気にならないものがベストです。「戦いの場だから」と意気込んで新しい服、新しい靴で試験を受けるのはやめたほうがいいでしょう。

　実際、靴擦れして集中できなかった人もいましたし、ピタピタのパンツがウエストを締めつけ、気が散って困ったという人もいました。

　友人ですが、新調したバッグの開閉がスムーズにいかず、試験会場で「受験表」をバッグを壊して取り出した女性もいます。

　そんなことになるぐらいなら、着慣れたトレーナーにラフなパンツ、履きなれた運動靴、いつものバッグのほうがよほどま

し。ここは「安心感」を優先しましょう。

　服装によって気合が入るという面はあります。宅建士と行政書士の本試験に私が着て行ったのは、パワーレッド。でもそれは着慣れた服でした。

　緊張したり興奮したりすると皮膚がかゆくなるデリケートな体質ですから、気合が入ると同時に平常心でいられるよう、何度も着ている勝負服にしたのです。

　極端な話、蛍光カラーが大好きで「ユニホーム」のようになっている人ならば、それがいい。推しのアイドルカラーに見守れて本試験を受けたら「うまくいく」と確信するならば、それでもいいのです。

　事実、本試験の会場で「ヒョウ柄のジャケット」でかなり目立つ受験生を見かけましたが「タイガースファン」だったのか？それとも周囲を威圧するためだったのか？　本人には、それが「ベストな勝負服」だったのでしょう。

　ありえないことが起こるのが、本試験。

　服選びで神経を消耗して、試験で本領が発揮できなかったら、後悔してもしきれませんから、慎重に決めておきましょう。

新しい服、新しい靴で
試験を受けない！

55

短期合格者に
「女性」が多い理由

　父親の跡を継ぐため、まったく経験のない不動産業に飛び込んだ女性がいますが、彼女は自分が受ける資格について、ほとんど知らないまま資格学校に通い、短期間で合格を得ました。

　一般事務から畑違いの社労士試験に一発合格した女性や、離婚を機に、行政書士試験に挑戦して、短期間の勉強で合格した女性もいます。

　彼女たちに共通しているのは、「素直」だということでしょう。

　資格試験合格に求められる資質は、「頭のよさ」ではなく「素直さ」だと思うのです。

　素直だからこそ、資格学校の講師に、「ここは出題されますから覚えておいてください」と言われたら、しっかり勉強をする。「ここは皆、点数を取りますから、落とさないように」と言われたら、疑うことなくその通りにする。

　短期合格する秘訣は、ここにあるのです。

　素直な女性が、優れた講師やシステムに沿って勉強していれば、知識はどんどん吸収され自分のものになる。

一方、下手に自分流を押し出して、ああでもないこうでもないと、こねくりまわした勉強法をしていく人は、不合格になりやすいのです。

　一般に、男性受験生は自分なりの勉強法を確立しようとします。とくに、社会的に地位がある中高年にその傾向があるように思えます。

　時間がないにも関わらず、必要とされているテキスト以外の本を買いあさったり、出題の可能性が低いと言われるマニアックな分野に手を広げたり。お金にものを言わせ、講座のかけもち受講をしている人も見られます。そして自ら合格を遠ざけてしまう。

　資格学校や勉強のプロが、いくらムリ、ムダ、ムラを省いた効率的な勉強法を教えてくれても、それを疑っては効果がないでしょう。

| ヒント |

　宅地建物取引士の合格発表の日に、「何であの娘が合格するんだ……」とつぶやいていた中年男性がいました。資格学校で同じクラスだったお嬢さんの受験番号を知っていたのですね。

　行政書士の合格発表の日には、「俺が不合格なんておかしい」と、何度も試験に落ちている「ベテラン受験生のおじさん」がいましたが、そんな疑問を投げかける前に、プロの教えや過去問集の傾向を素直に受け入れ、コツコツ勉強する「素直さ」を持ってほしいですね。

第5章　資格試験に受かる最強テクニック

155

「素直になるなんて、いい年して無理」

　なんて言わずに、「素直になれば短期合格できる」と思い込んで勉強しましょう。

「素直になれば短期一発合格できる」
と信じよう！

56

試験本番に強いのは、「スリム体型」の人

　司法試験や東大合格発表の様子をテレビで見たことがありますか？　私はあるとき、そこに映る人に「太った人」が少ないことに気づきました。

　経験則で言うならば、「太った人は資格試験で合格しにくく、目標を達成するのも、時間がかかる」と思っています。

　あえて辛辣なことを言うのは、勉強を始めると太ってしまう人が多いからです。運動する機会も減りますし、勉強がうまく進まずイライラして甘いものに手を出しやすくなる。私も「勉強は体力、体力をつけるには食べなければ」と、もっともらしい理由をつけて、食欲の罠にハマりかけました。

　太れば血行が悪くなるし、基礎代謝も悪くなる。血行が悪くなれば、頭に血が回りにくくなって、勉強効率にも悪影響を及ぼすことになりかねません。

　受験生が太る主たる原因はストレス。ストレスとうまくつきあって、心身と頭を常にベストな状態にキープする必要があります。

　私は受験生のときも今も「ストレスがたまったな」と思ったときには、ジョギングやスイミングで思い切り体を動かします。

　これはスランプの解消法にもなる策で、体を思いきり動かせ

ば疲れて熟眠できるし、脳の疲労も取れます。頭と体のバランスが取れるのでおすすめします。

「勉強は、常に机に向かって長時間椅子に座ってするもの」と思い込まないのも、勉強効率を上げるポイント。

部屋の中を歩きながら、記憶の定着を図ったり、スキマ時間にはストレッチで身体をほぐすのもいい。

違う分野の勉強に移る前には屈伸をしたり、ガッツポーズや深呼吸をインターバルにしてもいい。

食いしん坊の人ならば、勉強がはかどらないと、たちまち食欲が顔を出してきますから、とりあえずガムを口にして何回も噛んで脳に刺激を与える。勉強机を拭いたり、鉛筆を削ったり、窓を開けて空気を入れ替えたり……。「食欲を、勉強する環境を整えることに変換させる」のもいいでしょう。

普段から、できる限りエレベーターやエスカレーターは使わずに階段を上り下りする。通勤する際は、早歩きをする。こうした日々のちょっとした工夫も積み重なったら大きな結果が出ます。

そして、スリムな体で本試験を迎えれば、「合格」という栄冠を手にしやすいのです。ぜひライフスタイルを見直して、少しずつでもいいから体を使うように心がけましょう。

短期一発合格者に、
太っている人を探すのは難しい。
食欲を制すものは、試験を制する！

57

「体力自慢の人」が
陥りやすい落とし穴

働きながら資格試験を短期一発合格するというのは、特別なことではありません。

もともとの頭のよさとか学生時代の成績なんて関係ありません。勉強は、要領がものを言います。

資格試験はトップ合格だろうと、ぎりぎりだろうと同じ「合格者」。1点足りなくても10点足りなくても「不合格者」なのですから、とことん「合格至上主義者」になって合格を勝ち取ってほしい。そのために過去問集があり、出題傾向を教えてくれる講師やテキストがあるのです。

学生時代に運動部で、現在もスポーツを習慣にしている中高年や、心身のタフさに自信を持つ方、「体力は若い人には負けない」というような「体育会系の方」がやりがちなのが、体力を過信した詰め込み勉強です。

学生時代ならば一夜漬けでもそれなりの点数を取れたでしょうが、資格試験は出題範囲が広いうえに、日常使わない専門用語や数字も頻繁に表れます。記憶力が優れていたところで、詰め込み学習では解けないのです。

資格試験は、その資格を取るのにふさわしい人を見極める、基本は「落とす試験」ということを知ってください。

自分の体力と学生時代の成績や記憶力を過信して、夏休みや有休を使って2週間ぐらい勉強に集中したという人を数多く見てきましたが、いい成果を耳にしたことはありません。

　また、本試験直前、1週間休みを取って詰め込み勉強をした人も見かけました。その気持ちはわかりますが、絶対にやめたほうがいいでしょう。

　なぜなら、自分の生活リズムを崩してしまうからです。「朝5時に起きて1時間勉強したら、スーツに着替えて……」という日常のリズムは、自分で考える以上に体に染みついています。

　ビジネスパーソンなら当然のことで、このリズムを崩してしまうと、食事の時間が変わる、起床や就寝時間が変わる、休憩時間が変わる……それまで築き上げてきた「最適な勉強スタイル」から逸脱してしまうのです。

　結果、本試験の日に最高のパフォーマンスができないということになりかねません。

　試験直前の詰め込む勉強で体調を崩したら、それまでの努力も徒労に終わります。

　有休を取るならば発表まで待って、「合格」をつまみに美酒を味わったり、勉強疲れを癒すための温泉旅行や受験を応援してくれた家族へのサービスにあてると決める人のほうが、ずっと合格に近づくと私は思います。

本試験直前の
「追い込み勉強」は絶対にＮＧ！

58

「択一問題」で迷ったときの
マークシート黄金律

どんなに勉強をしても、本試験で１００点を取る人なんていませんし、取る必要もありません。

資格試験では問題数が５０問なら、７割の３５問を正解すればおおよそ合格と考えていいでしょう。

そして合格した人でも、５０問のうちあやふやな問題や自信がない問題、まったくわからない問題を合わせたら、１０問くらいはあると思います。

そのうち１問や２問は「見当もつかない問題」が出ます。ひっかけ問題ならまだしも、考える糸口すら見つからない問題があるのです。

「国家試験は落とすための試験」ですから、誰も解けないような問題を出して、受験生を迷わせます。正解率は限りなくゼロに等しい問題を出して「本気の受験生」かを試すのです。

たいていの受験生は「まったくわからない、どうしよう」と堂々巡りになり、１問に時間を費やしてしまう。

結果、点数が取れる問題を解く時間が足りず、不合格になることがあるのです。

そういう意味では怖い存在ですが、「これは落としても他の

部分で確実に点数を取る」ととらえて、引きずらないようにしましょう。

　もちろん解けない問題にも、答えることは大切です。
　そこで、わからない問題の正解率を上げる方法についてお話ししましょう。

　5択の場合、1つは「絶対おかしいな」と思うものがあるので、これは最初に外します。
　すると4択になりますが、たいていの場合「これかこれのどちらかだな」と2択が削られ、残り2択になります。
　2択に絞り込まれたら、問題の根拠を考えます。

　たとえば、法律系の資格ならば「法律の立法趣旨、何のための法律か？」を考えます。
　民法ならば「人と人が円満に暮らしていくために、トラブルがあったときには、法を介したほうが世の中が丸くおさまる」と、自分なりの言葉で確認します。
　確認したら、自分が問題の登場人物になって「私は、この人とこの人、どちらの味方にもならない。
　丸くこの場をおさめるにはどうすればいいのか？」と、自分の常識で考えると解答が選べるでしょう。

　それでも答えが導き出せなければ、あらかじめ決めておいたラッキーナンバーにする。5択ならば「1〜5」のうちで好きな番号を決めておくのです。

　ばかばかしいと思うかもしれませんが、いい意味で諦めがつ

いて、その問題に引っ張られない。精神的な動揺を鎮め、外せない問題に時間を割くことができて、最悪の状況を避けることができます。

わからない問題に出合ったときのマークシートの黄金律は、「法律の立法趣旨などそもそもの目的→丸くおさまる常識→ラッキーナンバー」の順と覚えておきましょう。

私の経験則ですが、これで5点はプラスできるでしょう。

| Memo・Point |

「わからない問題」は、
黄金律を駆使して挑もう！

59

試験会場前で配布される
「予想問題集」を侮らない

　国家試験を受けたことがある人は、試験会場の門のあたりで、各資格学校の関係者が「予想問題集」を配っている光景を目にしたことがあるでしょう。

　どこでどう調べたのか、各資格学校が、「今年はこれが出題される！」というとっておきの情報をプリントして配っているのです。

「競馬の予想屋さんみたいだ」

　初めて挑んだ宅地建物取引士の試験のときは、苦笑いをしながら渡されたプリントを見ていたものですが、試験が終了して改めて確認したら、意外なほど当たっていたことに驚いたものです。

　「ねらい目」「筆記問題はここが出る」とか「ここは加点できる」など、各資格学校によって表現の仕方は異なりますが、それぞれが意図している出題箇所はほぼ同じ。

　結構な数のプリントをいただきましたが、その情報収集力、的中力は、すごいものでした。

　行政書士試験のときは、国家試験が２度目であったこと、雑誌で資格に関連する連載をしていたこともあって、各資格学校

の様子を観察していました。

　資格学校が講師だけでなくアルバイトを雇い、予想問題集を
わざわざつくって無料で受験生に渡すのは、それが宣伝になる
から。
「○○校の予想問題集のおかげで合格しました」
「いただいた問題集はすごい。的中しました」
　なんてコメントを狙って、新たな生徒さんを増やすのです。

　試験が終わった後も宣伝は続きます。
　試験の解答速報会を無料でやって、うなだれている人には来
期の講座パンフレットを、うきうきしている人には合格体験記
のオファーをしたり、合格率のカウントに入れたりするのです。

　資格学校が無料で配る予想問題集は、学校のプライドと威信
をかけたもの。資格学校のブランド力を高めるために、あらゆ
る手段を講じ総力を挙げて情報収集しているに違いないと思い
ます。

　経験則ですが、綺麗にカラープリントされた印刷よりも、1
色刷りのコピーのような予想問題集のほうが信ぴょう性があり
ます。それは試験日ギリギリまで、情報収集していたと考えら
れるからです。

　私が受験した行政書士試験の際には、試験会場前ですべての
資格学校の予想問題集をいただいて、後に検討したら実際にそ
うでした。少なくとも私が受験した年では、この傾向がありま
した。

試験会場前で配布される予想問題集は侮れない。

本試験の日に、新たな情報をもらったら混乱するから嫌という人にはおすすめしないですが、合格圏内にいる人や合格を確信したい人は、この予想問題集に目を通すといいでしょう。

落ち着いて試験に挑むことができるはずです。

| Memo・Point |

１色刷りの、ただのコピー紙のような
予想問題集こそ目を通そう！

60

本試験１か月前の「やるべきこと」&「やめるべきこと」

私は、どんな試験でも「格闘技」だと考えています。決戦のときに備え、準備をして、調整をして、最高のパフォーマンスができる自分をつくり上げていく。

そのための注意事項を紹介します。

本試験の１か月前になったら、「新しいこと」には手をつけない！　新しいテキストや問題集を購入するのはもってのほか。

安心感を求めて、資格学校で行われる「直前対策講座」のはしごをする人もいますが、疲れるだけで身につくとは思えません。

怖いのは、今まで自分が勉強してきたこと以外の知識に出会い、落ち込んでスランプに陥ることです。

しかし、この時期には書店に最新の予想問題集が並びます。

さらに、新聞に「ここが出る」なんて魅力的なコピー付きで広告される。

すると誘惑にかられて、つい手が出そうになるのです。

でもそこは我慢してください。

これまで頻出分野を重点的に学び、過去問集を何度も繰り返

し勉強をしてきたあなたならば、このままで十分合格できます。

　私は本試験1か月前からは、書店には近づかないようにして、過去問集を繰り返し解き、知識が定着しているか、間違いやすいところはどこかなど、何度も確認しました。
　今の自分を信じて「合格できる」と朝晩、鏡に向かって呟き、喝を入れたり、「合格後の自分の姿」をイメージしたり、「プラスの感情で自分を満たす」ことに、終始しました。

　集中してやりたいのが、本試験のシミュレーションです。

　本試験当日に着ていくもの、持参するもの、試験会場へのアクセスの確認などをしっかり行います。
　試験時間に最高のパフォーマンスが出せるように、夜型の勉強をしている人は、この時期から徐々に体を慣らしていきましょう。
　本試験は日中行われるのですから、調整しなければ本番で力を発揮できません。
　ビジネスパーソンならば、試験前夜に仕事で遅くならないよう、できるだけスケジュールを調整します。アポイントは、自分が主導権を握るように設定していきましょう。

　勉強では、これまで身につけてきた知識の強化に努めること。今までつきあってきた問題集を何度も解いてみるのがいちばんです。
　何度も繰り返し解いていれば、答えを覚えている可能性もあるので、なぜその答えになるのか、根拠を自分の言葉で説明するのがいいですね。

たとえば、「選ばなかった選択肢は、どこがおかしいのか？」自分なりの説明ができれば、知識が強化され、定着されている証。自信を持っていいでしょう。

　新しいことには手をつけない！「定番」「強化」をキーワードに勉強しましょう。

| Memo・Point |

試験1か月前になったら、
新しいことには手をつけない！

61

本試験１週間前の「やるべきこと」＆「やめるべきこと」

　本試験１週間前の勉強は、間違いやすい箇所や間違いをするときの「自分のクセ」の確認にあてるのが最適だと考えます。

　私は「間違いノート」としてこうした箇所を記入していましたが、この時期はひたすらその確認をしていました。
「直前対策は苦手な部分の再確認」に尽きます。

　ただし、苦手な科目を復習して落ち込む可能性もありますし、苦手な分野が多ければ、チェックしきれずに焦ってしまうこともあります。

　ですから、本気の受験生ならば落としてはいけない、資格学校やテキストで「本試験で頻出する」と教えられた箇所を徹底的に見直すのもいいでしょう。

　余計なことをして精神的に追い込むのは避けたいですから、模擬試験や答案練習会などで「合格圏内」と判定されている人は、「あと５点取る」とか「満点近く取りたい」なんて欲を出して詰め込み勉強しないこと。

　本試験に、１００点を求めてはいけません。

　繰り返しますが「合格点を取ればいい」のですから、間違いやすい箇所や間違いやすい自分のクセを確認したり、過去問集

を繰り返し、問題を解くリズムを身体に刻み込むことに注力しましょう。

「いつも間違って嫌になる」で済ませるのではなく、「ここはすぐに間違えるから、本試験に出題されたら問題をしっかり読んで、選択肢もしっかり読んで、最低３回は見直す」等、自分のルールを決めながら、念入りに確認しましょう。

間違いノートや頻出箇所の確認は１か月前から始めていいですが、１週間前はとくにしっかりと。自分のクセを確認して、本試験で同じミスをしないように努めましょう。

落ち着かないという人は、以前お話しした「試験会場の下見」に試験当日使う経路で出かけ、会場周辺や街の雰囲気を感じて、「私は合格に近づいている」と自分の中に確信を得るのもいいでしょう。

私は、国家試験受験の折には１か月前、１週間前と２度「試験会場の下見」をしました。

それは、本気の受験生である、自分はより合格に近づいていると確信したかったからです。

おかげ様で、１年に１回しかない受験のチャンスを、最高の状態で迎えることができました。

直前対策は、
「苦手な部分の再確認」に徹すること！

62

制限時間内に問題を解く 「スピード感」を身につける

　宅地建物取引士の本試験で言えば、試験の制限時間は１２０分（２時間）です。

　試験本番では、この時間内に５０問すべてを解き、「自信がない問題を再度解く」「マークミスがないかどうかを見直す」といった確認作業に使える時間も残しておきたいものです。

　私は１問およそ２分で解くことにして、１００分で全問を解き、２０分の余裕を残せるように、勉強を始めた段階から、過去問集を解くときには１問２分を目安にしました。

　最初は知識も乏しく問題文にも慣れていなくて、苦戦しましたが、それでも１問２分を守りました。

「問題を読むだけで２分が終わってしまう」

「解答に迷う暇もない」

　情けないですがそれも勉強。１問あたり２分というのが体感としてどのくらいのスピード感なのかは、実際に自分で問題を解いてみないとわかりません。

　過去問演習を始めたばかりのころは、制限時間が経過した時点で６割程度しか解き終わっていないので、先が思いやられると落胆もしましたが、解き続けるうちに自然とつかめてきまし

た。

　どのくらいの速さで問題を読み、選択肢を読めばいいのか。
　この問題はすぐにはわからないから飛ばす、という判断をするまでに、最大でどのくらい時間を使うべきか。
　過去問集を３周するころには「制限時間内で余裕をもって５０問を解き、ある程度の見直しを行う」ところまでスピードを上げることができました。
　そして、本試験の先取りとも言える「答案練習会」や「模擬試験」で、そのリズムのまま問題を解くことができました。
「会場の雰囲気に飲まれることなく、自分のペースで解答できる」という経験は、本試験でも大いに活きたのです。

　もし、私が過去問集を解く訓練を怠っていたら、本試験で制限時間内に５０問を解くことはできませんでした。
　また、解答ができたとしても見直すことができず、不合格に終わっていたでしょう。

「試験問題を解くスピード感を、肌感覚として身につける」ためには、過去問をひたすら解きまくることです。
　２分で１問解くと決めたならば、２分を体に覚えこませる意識で過去問集に取り組みましょう。

過去問集を解くときは、
「制限時間」を必ず決めよう！

「出題ミス」で混乱しない
魔法の言葉

資格試験の模擬試験や答案練習会で点数の高い人は、私が受験生のころには名前が発表されました。

その中にいつも上位に入るのに、3年連続で行政書士試験に不合格になっている人がいました。

出会ったのは、彼が勉強4年目のとき。

初めて行政書士試験にチャレンジする私と知識量を比較しても意味はないですが、それでも感心するほど見事な成績を上げていました。

彼は40代で一流企業の部長さんで、とてもまじめ。人柄もよく偉ぶらない。同年代の私から見ても、尊敬できるタイプで、「受験生の鏡」みたいで、「どうしてこの人が合格できないのか？」と不思議でした。

そんな折、資格学校の休憩室で顔を合わせたので、話しかけました。

「○○さんは成績優秀でうらやましい」「どうしたら高得点を取れるのか？」と。

本当は「成績がいいのに、3回も不合格になるなんて、体調が悪かったとか？　不測の事態が起きたとか？」などを聞きた

かったのですが、さすがにそこまで言い出す勇気はありません。

　すると彼のほうから「本番に弱いんですよ。自信を持ってマークした箇所も、見直すと迷って消したり塗ったり。そのうち時間切れになって、全部マークできなかったこともある……」と。

　これほどもったいない話はありませんよね。
　自信を持って解答したら、見直し時間には「よし、正解！」と、私だったらテンションを上げていくのに……。

　彼の話を反面教師にして、本番に強い私になる！と決意。
　勉強、健康、体力を含めて、本試験で最高のパフォーマンスができるように「シミュレーション」を徹底的に行いました。

　その中で普通はありえないけれど、「もしかしたら、あるかもしれない事態」を予測しました。
　それが「出題ミス」です。

　選択肢が２つある。正解の選択肢がない。あるいは問題文に誤植があって、答えに躊躇する……。
　現実にそんな事態になったら、「あわてずに喜ぶ」「プラス１点、ありがとうございます」ととらえると私は決めました。出題ミスがあったら、「ラッキー」と唱えるのです。

　私があわてることなく試験に臨めるようになったのは、「出題ミスがあった場合は、全受験生に１点加点の措置がとられる」という決まりが、私が受験生のころはあったからです。

　多くの受験生は、出題ミスはないと思っていますから、現実

を前に悩み、戸惑うでしょう。1点加点になっても出題ミスが原因で、解答のリズムを崩して合格点に達しないことだってあり得ます。「本番に強い人」でも、一瞬は思考停止になるかもしれません。

　その時間がもったない。その影響で、できることができなくなるなんて耐えられないでしょう。

　あなたには、とことん「本番に強い人」になってほしい。
　頻繁に出題ミスがあるわけではないけれど、「そういうこともあるんだ」と、あわてず対処できるに人になってください。

| Memo・Point |

出題ミスがあったら、あわてず
「ラッキー」ととらえよう！

第6章

さあ、「好きなこと」を
仕事にしよう

資格取得は、「自由」へのスタートライン！

「優等生」が通用しない時代がやってきた

　一般的に「優等生」とは、一流の大学を優秀な成績で卒業、入社し、会社の中でも円満な人間関係を築き、育ちのよさもある人を指します。

　少し前までは、そんな「優等生」なら文句なしで生涯勤め上げることができたでしょう。しかし今は、必ずしも通用しなくなりました。

　「優等生」の多くは、自分のやりたいことをやらずに我慢して、リスクを取らない傾向があるからです。

　「優等生」は、彼らの成功体験から、失敗するリスクの高いチャレンジを避ける傾向があると言えます。

　一方、お世辞にも「優等生」とは言えない人は、自分のやりたいことをやる傾向があります。

　彼らは世間体や体裁や評判なんて気にしない。そもそも周囲から期待されていないですから、自由な発想で行動できる。

　「落ちこぼれ」と言われる人ほど、リスクを恐れずやりたいことに挑戦するので、失敗することもありますが、それを経験値にして前進する。

　私は、「落ちこぼれ」は、優等生が経験したことのない「失

敗から重要な学び」を得て、大きな成果を上げると考えています。

　働き方改革はコロナ禍を経て、急激に進みました。
　世の中の変化が激しく常識が通用しない時代になり、旧態依然とした生き方・働き方をしている「優等生」のままでは生き抜けない、通用しない時代がやってきたのです。

　今は、会社の中枢から外れた、出世街道とは縁が遠い「落ちこぼれ」にこそ活躍するチャンスがあります。

「優等生」は、学生時代には秀才と呼ばれ、企業では「処理能力の高い使える人」と目されてきましたが、その仕事こそがコンピュータにとって代わられる筆頭と言えるのです。

　作家の落合陽一氏が著作『働き方5.0』（小学館新書）の中で、「秀才でも天才でもない変態こそ専門性が高くコンピュータに対抗できる」と説いていますが、納得するのは私だけではないでしょう。
「変態」とは常識にとらわれない柔軟な考え方で、評価や世間体を気にしない果敢な行動力で時代を切り開く「落ちこぼれの最高峰」だとも言えます。

　知人の会社に技術力が高い研究職の社員がいます。
　その彼が、お客様を怒らせてしまいました。「技術を究めるのと、納期に応えるのとどちらが重要なんだ」と。

　お客様から言えば「卓越したワザまで望んでいないのに、生意気だ」ということになり、営業がフォローしてその場は収ま

りましたが、今後この社員をどうするか？　頭が痛いと言います。

　でも私は、尖った社員、変態に準ずる人こそが企業の強みとなるのであって、優等生タイプのジェネラリストを何百人抱えてもまったく役に立たないととらえています。

　たった１台のコンピュータに、何百人もの社員がとって代わられる時代が迫っているのです。

| Memo・Point |

賢い「変態」になろう！

65

「センス」が求められる
時代に変わった

これからは、「センス」の時代です。

もしかしたら、「デザイナーでもないのだから、仕事にセンスなんていらないでしょう？」「センスは、その人それぞれでいいはず」と思っているかもしれません。

しかし今は、あらゆるものに「選択の幅」が増えてきました。「選択の幅が増えた」ということは、言い換えると「技術が頭打ちの時代になった」ということ。

これが「センスが必要になった」という説明につながります。

「モノを売るのではなく、サービスを売る」

「技術的な知識を持っている人は、持っていない人にアドバイスをして、お金をいただく」

「商品やサービスだけでなく、情報がお金になる」

リモートワークで生じた時間は、副業にあてる。極端な話、本業と副業の垣根がなくなりつつある。今は、まさにこんな時代です。

センスは、デザイナーだけに必要とされるものではありません。車ならば、国産車、外車、電気自動車、水素エンジン、カーシェアリング、カーリース、サブスク、車は使わない、公共交

通機関を使う、という選択肢もあります。

　人づきあいならば、コロナ禍を契機に飲み会や接待はいらないと考えるようになった。リモート同窓会や女子会、会議や打ち合わせはＺｏｏｍを活用する。友達は数よりも質。親友はいらない。結婚するのもしないのも自由と考える。

　モノならば、選択肢はほしいものか必要なものか？　所有するのではなくレンタルでもいいのではないか？　マイホームを購入するのではなく、あえて、ライフスタイルや好みに応じて、賃貸物件を選択する人もいます。

　仕事、人間関係、生き方まで、あらゆるものが選べる時代です。

　かつては、「そうするべき、それが当たり前」「そうでないと恥ずかしい」と考えられてきたことも、「私はこれでいい。私に合ってる」と考え行動することがよいという時代に変化してきました。世の中は、すでにセンスの方向に向かっているのです。

　かつてのやり方、働き方、生き方のままでアップデートしなければ、確実に時代から弾き飛ばされてしまいます。

　変わるならば今すぐ！　その１つのきっかけが「資格取得」なのです。

 働き方、生き方を
「資格取得」を機に
アップデートしよう！

66

「ライスワーク」と「ライフワーク」を同時に手に入れよう

「ライスワーク」とは、RICE（ご飯）のための仕事という意味。その反対語に、天職や人生をかけてする仕事という意味の「ライフワーク」があります。

「あなたは、何のために仕事をしていますか？」

そう質問されたとき、「生活のため」とか「好きなことだから」等、答えはそれぞれだと思いますが、後者がライフワークにあたります。

人生１００年時代と言われて久しいですが、「ライフワーク」が注目されているのは、「働くこと」の意味を見つめ直す人が増えているからではないでしょうか。

それは、モノより達成感に価値を感じる人が増えてきたり、お金が豊かさの象徴という考え方が当てはまらなくなったりと、価値観が多様化してきているからです。

あなたが、仕事に生きがいややりがいがないと感じていたら、「ライフワーク」を見つけるために動き出すタイミングだと思います。

では、「ライフワーク」を見つけるには、どうすればいいの

でしょうか。

　まずは、「○○の分野は、私には関係ない」「前に○○をしたけれど、うまくいかなかった」「この年齢で○○を始めるのは遅い」「○○は難しいから私には無理」というような、思い込みを外してみることが大切です。

　そのとき、「これが好きだからライフワークにする」「これが得意だからライフワークにする」と決めつけてしまうのではなく、世界を広げてみるといいかもしれません。

　たとえば、次のことを考えてみてください。

● 若いときに、好きだったこと
● 誰かに「ありがとう」と言われたこと
●「チャレンジしよう」と思ったけれど諦めたこと
● 誰かに「やってあげたいな」と感じたこと
● 誰かから「○○に向いているんじゃない？」と言われたこと

　これら５つの視点から、「これで絶対稼ぐ！」という強固な考え方ではなく、「人生の生きがいや充実感を得るため」という緩やかな考え方で始めてみてはいかがでしょう。

　ユーチューバーやＷｅｂデザイナーなど、ひと昔前まで存在しなかった仕事が、今は立派な仕事になっています。

　ですから今、職業として認知されてないことでも、自由に自

分で肩書きをつくってみるのもいいですね。

　本業とは別に「ライブで話題の歌を歌う営業部長」（歌手が副業）、「お抱え料理人は設計士」（出張料理人が副業）など名刺をつくって活動をしている知人もいます。

「ライフワーク」は人それぞれ。

　必ずしも「ライフワーク」だけに絞らなくても、「ライスワーク」と「ライフワーク」を同時に取り組んでもいい時代です。

　二足、三足、四足……それ以上の草鞋を履いている人もたくさんいます。気軽に楽しみながら、まずは副業として始めてみる。その先に、あなたが求める「経済的自由と精神的自由」が手に入る「ライフワーク」が待っています。

| Memo・Point |

気軽に楽しみながら、
まずは副業として始めてみよう！

67

事前に資格を取ることで、
スムーズに起業できる

　資格は、起業をする際にも役に立ちます。主なメリットは3
つあります。

1.　未経験でも始めやすい

　これから始める事業分野について未経験だとしても、その事
業の専門資格を取得することで、必要な知識を前もって身につ
けることができます。未経験でも比較的スムーズに事業を始め
られます。

2.　適切な経営戦略を立てられる

　法的知識や資金繰り、税制や経理処理等に関する資格を取得
すれば、健全な会社経営を進めるうえで適切な戦略を立てるこ
とができます。仮に会社が傾きかけている際にも、立て直し策
を打ち出すことが可能になります。

3.　社会的信頼を得やすい

　経営に関する資格を持っていれば、取引先や業界内の他社か
ら信頼を得やすいと言えます。

　ビジネスを進めるうえで説得力が増し、事業が軌道に乗りや
すくなります。起業したての会社は、周囲との信頼関係を築き、

つながりを広げることが急務ですから、資格や肩書きがあることは非常に有利です。

　次に、起業のベースになる資格を３つ厳選しました。これらの資格は、起業する際の実利に直結するため一石二鳥です。

1.　ファイナンシャル・プランナー

　会社経営について回るのは、資金繰りや税金、保険等の「お金に関わる問題」です。その点ファイナンシャル・プランナーは、これらを全般的にフォローし、資産運用やリスクマネジメントも行えるようになります。

　財務や税務における帳簿や資料を読み取れなければ、自社の経営状況を知ることが難しいですが、資格を得ることで帳簿や資料も深く理解できます。

2.　行政書士

　起業や経営上における法的な書類作成を行える行政書士は、自ら重要な書類を用意することができる国家資格で、法的書類作成のスペシャリストです。

　起業前に取得しておけば、開業にかかる諸手続きも外部に委託することなく、自分だけで完結させることができます。

　また、事業における許認可が必要な場合にも役立ちます。

3.　社会保険労務士

　とくに、従業員を擁する場合に労働や雇用、社会保険関連全般の知識を習得できる国家資格が社会保険労務士です。

　労働基準法等の法律はもとより、従業員の労務管理の方法についても身につけることができ、適切な雇用条件のもとに人事

のコンサルティングも可能になります。また従業員からの疑問にも、自ら細やかに回答できる資格です。

　起業して経営者となる際には、法務や財務等に関する知識を身につけておけば、経営に役立ちます。
　起業前に取得すれば、起業の手続きもスムーズにいき、質の高い事業展開が期待できます。

| Memo ・ Point |

起業前に資格で法務や財務などの
知識を身につけよう！

68

資格取得で、収入の源泉は
複数に広がる

ビジネスパーソンとして働いている人は、自分の努力だけで給料を上昇させることができません。そこで、「副業を持つことで、収入の入り口を増やす」という考え方をしてみましょう。

副業の手段を大きく分けると、次の2つになります。

● 自らが働き、給料や報酬を得る方法
● 資金を投じ、一定期間後に配当金や収益などリターンを得る方法

【自らが働き、給料や報酬を得る例】

自分の持つスキルを活かして収入を得る例としては、セミナー講師やWebライターなど、自分のスキルを人に伝えて収益を上げたり、ハンドメイドの商品や自作のイラストなどをネットショップで販売するという方法があります。

また、Zoomやインスタグラムなどのデジタルツールを介して「占い」や「起業コンサルタント」などを始める人もいます。

出張料理人や週末だけ開くお家カフェ（別途届け出が必要）など、自分のスキルを活用した副業は、「好きを仕事にする第一歩」とも言えます。

【資金を投じ、一定期間後に配当金や収益などリターンを得る例】

　株式投資や投資信託など配当や分配金を得られる商品に投資する方法や、有益と思われる事業に資金を投資し、事業から得られた収益を回収するという方法があります。

　また、マンション投資などの不動産投資で安定した家賃収入を得る方法もあります。

　いずれにしても、一定の知識や技能、ある程度の資金がいる場合もあります。その分野で競合する人もいるでしょうし、すでにその道で名を馳せている人もいるでしょう。

　なかでも、新参者が成果を上げるのに大きな力になるのが「資格」です。「資格」はその分野で専門性を示す看板になるからです。

　不動産に詳しいビジネスパーソンがマンション投資セミナーを開くのと、「宅地建物取引士」と「マンション管理士」の資格を持つビジネスパーソンが開くのとでは、「注目度」「信頼性」において比較にならないでしょう。さらに著作物があれば、信頼性はさらに増します。

　私は経営者に就いた当初に不動産への興味から宅地建物取引士を取得、合格体験記を出版社に売り込んだことがきっかけに「著者」への道が開け、講演やセミナーの依頼をいただきました。また行政書士取得後には、起業のお手伝いをするようになり、マスコミからの取材も増えました。

　自然に「経営者」「著作家」「講演家」「起業コンサルタント」「メディア出演」「不動産投資」で収入を得ていた時期もありました。収入の源泉が6本あったわけです（今は5本です）。

　これは私に限ったことではありません。資格を信頼や信用と

いう無形の財産にして、どれが本業かと思えるほど収入の源泉を数多く持つ人はいます。

　社会の変化に伴い副業を認める会社も増えてきましたが、ビジネスパーソンならば、必ず会社の就業規定を確認してください。「副業禁止」「競業禁止規定」などの項目があれば注意が必要です。
「本業に支障が出ては困る」という考えから、副業を禁止としているケースがあります。なお公務員は、国家公務員法などで副業禁止と定められています。

　副業に熱中しすぎた社員が、遅刻や欠勤を繰り返すようになったり、副業で競合他社の仕事を請け負ったことがトラブルにつながったり、SNSなどで副業について投稿したことが注目され、メディアに取り上げられたりすれば、それが社会貢献につながることでも、会社が認めるとは限りません。

　資格を基礎に収入の源泉を増やすことは、経済や社会に不安定要素が広がる今は求められることですが、本業あっての副業です。そのあたりを理解したうえで取り組んでいきましょう。

副業で、
収入の「入り口」を増やそう！

69

お金を生み出す
「合格名刺」をつくろう

「合格名刺」とは、あなたに代わって仕事をしてくれる名刺のことを言います。つまり、「お金を生み出す名刺」です。

ビジネスパーソンならば誰でも名刺は持っているものですが、それは形式的なものであり、あなたに代わって仕事をしてくれたり、お金を稼ぐ「合格名刺」ではありません。

「合格名刺」の条件は、できるだけ目立つ、記憶に残る、個性的なもの。士業で独立したとしても、各士会の常識ギリギリの線を狙うのです。

初対面では名刺の交換から始まり、人を紹介するにしても名刺抜きでは進みません。Ｚｏｏｍなどインターネットを通じてビジネスを推進するにしても、日本はまだ名刺社会。

名刺はあなたの顔であり、プロフィールであり、ＰＲツールなのです。とくにこれから起業、独立、副業等をスタートさせる人が使う名刺は、とことん目立つ「合格名刺」でなければ仕事にならないと言ってもいいでしょう。

私が考える「合格名刺」とは、社名、氏名（難しい読み方には仮名をふる）、肩書き、連絡先（住所・電話・携帯番号）ＵＲＬ、メールアドレスがはっきりわかるのが基本。

そのうえで、次の条件を満たしていることが大事です。そうすれば、お客様を紹介していただいたり、仕事の依頼も来やすくなるでしょう。

【合格名刺のポイント】

1．ホームページにアクセスしてもらえる簡単なＵＲＬ

2．資料請求や問い合わせをしてもらえる大きく読みやすい印字

3．後に連絡をしたときに「あの名刺の方ですね」と言われるくらいインパクトがある色やデザイン

4．名刺交換したときに、「○○の資格をお持ちなんですね」「○○に詳しいのですね」等、会話が弾む要素が記されている

5．メルマガ登録やＳＮＳ等でフォローしてもらえるような短めのメールアドレスやリンクアドレス

6．仕事内容が一目瞭然、「売り物」が記されている

7．名刺を初見しただけで何をしている会社（人）かがわかる

さらに忘れてはいけないのが、あなたの顔写真を入れること。カラーの笑顔写真で、今のあなたをもっともよく表現している写真を使いましょう。

　ここはお金をかけてプロに撮ってもらうことが大切です。

　この写真は会社案内やパンフレット、リーフレット、ホームページのトップ画像などにも反映したいので、いい写真を撮ってもらいましょう。

　名刺の裏には、自己紹介、得意分野、著作やキャッチフレーズなどを入れるのがおすすめ。表には「裏面もご覧ください」の一文を入れておくのを忘れないようにしましょう。

　リモートでの仕事が増え、働き方も変化してきましたが、日本においては、「名刺は永遠に不滅」だと考えます。デジタル名刺であっても「名刺はお金を生み出すツール」に違いはありません。

　名刺を軽く考える人は、「経済的自由と精神的自由」を手に入れることができない、お金と疎遠な人だと私は考えています。

「名刺」は、お金を生み出す
基本ツール！

70

スタートが肝心！「１分間 自己紹介」を身につける

　自分のビジネスをＰＲしたいと、交流会やキーマンが主催するセミナーやパーティーに参加する人がいます。ただ儀礼的な名刺交換だけで、「人脈ができた」「有名な○○さんと知り合いになった」と満足している人が多いのも事実です。

　コロナ禍になる前は、私は月に２００名を超える新しい人との出会いがありましたが、前項で紹介した「合格名刺」を持つ人はまれで、印象に残り、また会いたいと思えるような「自己紹介」をする人など、限りなくゼロに等しかったのです。

　私は、多くの人が、「自己紹介」を勘違いしていると思えて仕方がありません。

　そもそも自己紹介の目的は、相手に氏名を覚えてもらうこと。自分のビジネス（商品やサービス）が、いかに優れているか、これまでどれだけすごいことをしてきたかを誇る場所ではありません。そういうことは、あなたに興味を持ってもらってからの話です。

　なのに苗字だけ名乗って、延々と商品やサービスのＰＲをする人は後を絶ちません。それでは聴く気になれませんし、印象は悪くなる一方です。

自己紹介はスタートが肝心。最初の１分間で話す基本的な部分でいかに他者と差をつけるかにかかっています。

　私が大事にしている自己紹介のポイントは次の通りです。

【自己紹介のポイント】

１．　フルネームを名乗る

　ほぼ１００％の人が苗字だけを名乗ります。田中、山田、佐藤……山ほどいるでしょう。フルネームを名乗って初めて自己紹介と言えるのです。フルネームは親近感を与えるためにも必要です。

２．　氏名にエピソードを交える

　私ならば、「臼井の臼は白いのが、ちょっと間が抜けた字を書きます。本人は間抜けなつもりはないのですが、仕事はきっちりやりますよ！」。あるいは「臼井由妃と正しく漢字をお伝えしても、白井由紀や白井由美だったり。でも○○さんは覚えていただけましたよね」等。

３．　会社名・ビジネス名・キャッチフレーズ、
　　　得意分野などははっきりひと言で話す

　聴きやすく理解しやすいだけでなく、適度な自信の表れは好感を抱く要素になります。

４．　自己紹介の最後は、フルネームで締める

　これは鉄則。自己紹介の目的は氏名を覚えてもらうことですから、最後はビシッと決めましょう。

もちろん声ははっきり、語尾もはっきり、相手の目を見て笑顔を忘れないように。手を組んだり後ろに回したり、きょろきょろ、そわそわ、髪をなでながら話をするのはNGです。
「1分なんて短い時間で自己紹介はできない」と言うあなた。
「1分も自己紹介することはない」と言うあなた。
　いずれにしても、今あなたが行っている自己紹介を見直したほうがいいでしょう。

　人の興味が向く時間は、せいぜい1分です。
　1分間自己紹介が身につけば、どんな人に会ってもビビることなく、面談でも面接でも相手の心はつかめます。

| Memo・Point |

自己紹介の目的は、
「氏名を覚えてもらうこと」
と心得よう！

71

起業家向きの人、副業向きの人。あなたはどっち？

　起業に向いている人と、向いていない人とがいるのは事実です。起業は、あくまで手段。そのため、得意、不得意があるのです。

　ひとえに起業と言っても、「副業としての起業」と、「会社を辞めて完全に起業する」とは異なります。

　「今の生活や仕事が嫌でそれを変えたい、そこから抜け出したい」という人。そういう方は、起業をしたら、今よりも圧倒的に大変で苦労の連続だったりします。

　今が嫌で起業しようと考える人は、「資格取得」をして、それを活かし起業をしても、うまくいくことは少ないでしょう。

　コロナ禍で離職を余儀なくされた。仕事が減り、収入源が必要になった。小さな子どもがいるので、自宅でできる仕事で収入を得たい。自宅を離れ、大学に通う息子にお金がかかる……。

　このように収入を得たい、増やしたいと考えるきっかけはさまざまですが、やはり独立・起業家向けの人と、副業ビジネス向きの人は明らかに違います。

私は経営者として３０年余り、資格取得者として２０年余りにわたって多くの人にお会いした中で、「この人は、どちらの方向で進んでいったほうが成功するか」が、直感的にわかってきました。

　独立・起業家向きの人は、「押しが強く、計算もできる人」。営業力があって、専門知識も十分で経営者としての資質がある。言葉は悪いですが、いわゆる「専門バカ」ではない人です。

　世の中には、会社という組織の中で成功し、組織を離れても成功する人もいますが、そういった人はごくわずか。大きな組織であるほど、その傾向があると思います。

　大切なのは、「自分のタイプ」を知ることです。現実には、自分のタイプと違う選択肢を選び、苦労している人が多いもの。「起業家」と言うと耳障りはよいですし、スモールビジネスであっても肩書きは「トップ」「社長」「代表取締役」です。

　最近では「ＣＥＯ（最高経営責任者）」という呼称は魅力的ですから、独立・起業家向きのタイプでなくても、そちらを選んで大変な思いをしている方も知っています。

　一時のブームや社会の流れに乗って、本来の自分とは違う方向へ行かないよう、自分のタイプをしっかり見極めることが大切です。

ブームに流されず、
「自分のタイプ」に合った
進路を選ぼう！

72

資格を武器に成功している人は、特別な人ではない

　資格取得をしたものの、活用しなければそれはただの「死格」です。何の価値もメリットも生みません。

　忙しい中時間をやりくりして勉強し、合格を勝ち得たのですから、資格を武器に活躍しないのは、本当にもったいないことです。

　ここでは、私が実際に関わってきた資格取得を機に、仕事も人生も謳歌、経済的自由と精神的自由を手に入れた人達に共通する資質を紹介します。

1．経営者としての意識が高い

　独立や起業するにしても、副業としてお金を稼ぐにしても、自分は経営者という意識を持つ。専門家としての知識を高め経験を積むだけでなく、経営者としての勉強も怠らない人が、成功しています。

2．仕事を心から楽しんでいる

「仕事は厳しいもの、楽しむなんていい加減ではないか？」と思う向きもあるかもしれません。

　しかし、「楽しいからがんばれる」「楽しいからもっと難しい案件に挑もう」「楽しいからこそ、困難も乗り越えられる」と

いう考え方もあるのです。

　そういう人達は、興味のある分野や好きな分野はもちろんですが、あえて苦手で難しい分野の仕事にもチャレンジします。いい意味で彼らは貪欲ですから、最初は手間取る仕事も、どんどんコツをつかんで質が上がり、周囲の信頼を得て、さらにレベルアップします。

　資格を武器に成功している人というと、特別な人ではないかと考えてしまうかもしれませんが、

● 経営者としての意識の高さ
● 心から仕事を楽しむ意識の高さ

　があれば、資格を武器に「経済的自由と精神的自由」を手に入れることができます。お金を稼ぐことができるのです。

　ここまで本書を読まれたあなたが、
「資格はほしいけれど、お金儲けはできない」
「そもそも忙しいビジネスパーソンには、資格の勉強をする時間がない」
「本業を続けながら副業なんて本当にできるのか？」
　など懐疑的になっていたとしても、これからお話ししていく例から、資格を武器に「経済的自由と精神的自由」が手に入る、成功させることができると感じ取ってくれるはずです。

経営者としての意識を持ち、
心から仕事を楽しもう！

73

仕事の幅がぐんと広がる 「合格体験記」を売り込もう

　資格取得者には、受験生時代の経験をもとに「合格体験記」や「受験体験記」を執筆し、その後、作家として活躍している人がいます。

　私もその一人ですが、もしあのとき「合格体験記」を出版社に売り込んでいなければ、２０年以上たった今も、作家として活動することはなかったと考えています。

　これからお伝えするのは、誰にでも可能な「作家」への道、そして「講演家」や「起業コンサルタント」など、仕事の幅が格段に広がる道だととらえてください。

　ここで記す通りに疑うことなく行動すれば、「作家」として活躍する未来が開けてきます。

　まずは、「合格体験記」を売り込みましょう。

　とくに法律系国家資格の「合格体験記」は、受験専門誌はもちろん、関係する出版社が必ずと言っていいほど刊行する「合格体験記集」のネタとして求めています。

「合格体験記」は生々しい旬のネタが必要とされ、できる限り短期間かつ一度の受験で合格した人や、受験生の共感を呼ぶような合格者を求めています。

たとえば、育児・仕事・家事をこなしながら短期一発合格したワーキングママさん。

　不規則な仕事時間を克服して短期一発合格した人。

　本業とは畑違いの国家資格に一度の受験で合格した人。

　合格後、何年もたっている人の話は古すぎて受験生には参考にならないので、売り込んでも採用される確率は低いでしょう。

　苦節何年で合格した人も、読み物としては面白いかもしれませんが、受験生の参考にはならないので、これも売り込んでも採用されることはないでしょう。

　ですから、売り込むならば「合格発表後すぐ」が鉄則です。

　私の場合、宅地建物取引士の合格発表があったその日から、頼まれてもいないのに「合格体験記」を執筆していました。

　それは受験を決めた際に読んだ「宅地建物取引士合格体験記」を参考に、文字数、内容、受験生へのエールを込めたもの。記憶が鮮明なうちに書こうと決めていたからです。

　そして受験情報誌に持ち込んで採用され、月刊誌でコラム連載、書籍化、講演会、資格学校での授業、勉強術の執筆依頼……と、活動の幅が広がっていきました。

　コラムの執筆や作家としての活動のメリットは、印税収入もさることながら、知名度を上げる広告宣伝としての役割が大きいことにあります。

　士業の場合、仕事の依頼や紹介、セミナー開催、書籍になれば信頼度はより高まります。

【資格を活かして仕事の幅を広げた例】

● 公認会計士からミリオン作家になった人
● 行政書士から人気コラムニストになった人
● 士業のネットワークを開設、コメンテータとしてメ
　ディアで活躍する人
● ルーツを知るという視点で家系図作成ビジネスを構築
　した人
● お堅い印象を「映える・可愛い」に変えて、女性が相
　談しやすい事務所を開き成功した司法書士
● 零細企業に特化し、「お財布に優しい社労士」をキャッ
　チフレーズに労働問題の早期解決に尽力する人

　今後は、こうした多岐にわたる活動をする資格取得者が増え
てくるでしょう。

　ちなみに「合格体験記」は、受験専門誌やWEBサイトで公
募をしている場合もありますが、「それを待っていては遅い」
というのが私の本音です。
　これも資格を武器に「経済的自由と精神的自由」を手に入れ
るための営業活動です。
　独立、起業、副業の別なくお金を稼ぐ第一歩だと思えば、自
分の経験をわかりやすく丁寧に伝えることに頭を働かせるで
しょう。

「合格体験記」に、うまい文章は必要ありません。正直かつ、わかりやすい生々しい旬の体験を記せばいいのです。

| Memo・Point |

積極的に、お金を稼ぐ
「営業活動」に取り組もう！

74

資格を活かすも殺すも
戦略次第

　高山さん（仮名）の前職は、通販会社のバイヤーで、行政書士試験には３度目の受験で合格しました。

「短期一発合格するべきだという臼井さんの考え方から言えば、僕は落ちこぼれですね」と笑って話す高山さんですが、本試験日が２回、海外での商品買い付けのタイミングに重なってやむなく受験できなかったのですから、実際は１回の受験で合格した方なのです。

　本人は「僕に試験を受けさせないように、合格させないように、神様が邪魔していたのかな？」と言っていましたが、じつはこの発言には理由がありました。彼は家族との時間を大切にしたいと、海外出張が多く自宅を離れる生活が入社以来８年余り続く中で、働き方を見つめ直していたのです。

「３３歳からの働き方スケジュール」をしっかり描いていて、その核になる部分が「行政書士資格の取得」と「自宅で開業する」というプランでした。

　それは、「短期一発合格」や「さっさとお金にかえる」を口グセにする私も驚かされるほどの早業のオンパレード。

　合格の半年後に会社を退職。職を探して採用面接を受け不採用（不採用になるようなところを選んだというから驚き）。失

業手当をしっかりいただきながら、開業準備をしていたのです。

　自宅の一角を事務所に掲げ、海外バイヤーの経験を活かした「英会話に堪能な行政書士」として、「グローバルな相談にも応えられる」を売りにしました。

　さらに、合格体験記の売り込み、著作企画の売り込み、飛び込み営業、事務所ニュースやメルマガは英語、中国語（奥様の力を借りて）、日本語で発行。インスタグラムやツイッター、ＬＩＮＥ、オンライン配信等で顧客をさりげなく誘導したりと、さまざまな戦略を実行していきました。

　士業の方の中には、戦略だとかお金儲けを口にするのは好まない人もいまだにいますが、彼は経営者として、専門家としての役割を自覚して、資格ビジネスの世界を歩んでいます。

　今や彼は「起業コンサルタント」として、会社設立の専門家で活躍しています。

　書類作成をするのが行政書士の仕事という、それまでの常識を破り、会社設立に関しての許認可といった法律上の問題から、集客方法や収益の上げ方、社員の雇用までも細やかにアドバイスする。他の行政書士と差別化することで、収益を上げているのです。

　彼が成功した理由は、自分だけの売り物を見つけ、同業者との差別化を図ったことにあったと言えるでしょう。

　時代の動きをとらえ、戦略を立てる。
　自分の売り物を見つけ
　果敢に「差別化」を図ろう！

75

社会保険労務士から
講演会講師へ

　中村さん（仮名）は５８歳、社労士として開業３０年目を迎えます。お客様のほとんどは社員５０人未満の中小企業で、家族経営や１００年を超える老舗の飲食店などもクライアント先です。

　労働、社会保険諸法令に基づく申請書や届出書、報告書、書類作成、提出を企業に代わって行う業務のほかに、従業員に関わる問題（適正判断やリストラまで）や人事、年金制度の相談までも引き受けている、中小企業の経営者にとっては頼りになる存在です。

　ここだけの話と前置きをしながら、「法律にがんじがらめの解釈だけでは、経営者は納得しません」と、ときには拡大解釈をして、仕事を請け負うこともあると言います。コロナ禍の影響で廃業、リストラ、給与の延滞等、今は問題が山積しています。

　彼曰く、「使える権利があるものは全部使って、もらえる権利があるものは全部もらう意識でいないと、経営者も従業員もダメ」「手続きが面倒だからとか、専門家に相談するのは敷居が高いからと言うような人は、経営者の資格がない」ということです。

　これは手厳しい発言のようですが、彼は社会保険労務士の事

業範囲を超える相談は、信頼のおける専門家に委ねますが、話はきちんと最後まで聞くのです。

「経営者に寄り添う社労士であり続けたい」というのが、彼のポリシーですから。

　中村さんは、顧問契約先を複数持ち、社会保険労務士の受験指導や、ビジネスマン時代、就業規則の不備な会社で、不安を抱きながら仕事をしていた経験を踏まえながら、講演会やセミナーを通じて「経営者自身の保険」や「給付金制度の正しい使い方」などを説いています。

　講演活動は、社会保険労務士の役割を知ってもらう宣伝活動でもあり、収入源。

　今後は本の執筆、プレオープンしていた動画の本格的運用、他士業とのコラボ等、仕事の幅は広がる一方です。

ビジネスパーソンの経験は
「士業」に活きる！

資格を活かして、
経済的自由と精神的自由を手に入れよう！

「資格を活かして経済的自由と精神的自由を手に入れる！」
　本書を読み終えたあなたは、やる気に満ちあふれていることでしょう。
　その気持ちを忘れず、今すぐあなたが選んだ資格取得という道を邁進してくださいね。

　仕事をしながら、短期間で一発合格を果たす。
　その資格を活かし、「経済的自由と精神的自由を手に入れる」のは、難しいことではありません。

「勉強するのは嫌だ」というあなたも、「お金」と「自由な時間」はほしいでしょう。

「飽きっぽいから勉強は向いていない」というあなたも、短期間で「お金と自由な時間」という報酬が得られるのならば、勉強しないのは損でしょう。

世の中は、正しい努力をした人が報われるようにできています。だからあなたも行動を起こしましょう。

　資格を存分に活かしながら、稼いでいる。
　時間に追われることなく、趣味やプライベートを謳歌している。
「経済的自由と精神的自由」を手に入れている自分の姿を鮮烈にイメージしながら踏み出しましょう。

　本書があなたの味方になることを信じております。

臼井由妃

[著 者]

臼井由妃（うすい・ゆき）

著述家・講演家・熱海市観光宣伝大使

1958年東京生まれ、33歳で結婚後病身の夫に代わり経営者となる。

独自の発想法と行動力でヒット商品を次々に開発し、通販業界で成功。

多額の負債を抱えていた会社を優良企業へと導く。その手法が各種メディアで紹介され、「マネーの虎」（日本テレビ系）にも出演。

経営者、講演家、ビジネス作家として活躍する傍ら、行政書士や宅建士などの資格を短期取得。その実践的な時間術や仕事術、勉強術には定評がある。

著書も多数で、累計は170万部を突破。『やりたいことを全部やる！時間術』『やりたいことを全部やる！メモ術』（日経ビジネス人文庫）などのビジネス書から『ほめ言葉の魔法力』（PHP研究所）『心が通じるひと言添える作法』（あさ出版）など実用書まで幅広い。

◆臼井由妃公式ホームページ
https://www.usuiyuki.com/

◆臼井由妃公式YouTubeチャンネル
https://bit.ly/3AyD2pa

◆臼井由妃Standfmラジオ
言葉のパワースポット・ウスイユキチャンネル
https://bit.ly/31mUCh1

◆アメーバオフィシャルブログ
「臼井社長」の幸せバンクブログ
http://ameblo.jp/dr-yuki/

◆公式Twitter「臼井由妃」
https://twitter.com/dryukiami

資格を稼ぎに変える　最高の勉強法

2023 年　1 月 26 日　初版発行

著　　　者　　臼井由妃
発　行　者　　石野栄一
発　行　所　　明日香出版社
　　　　　　　〒112-0005　東京都文京区水道 2-11-5
　　　　　　　電話　03-5395-7650（代表）
　　　　　　　https://www.asuka-g.co.jp

印刷・製本　　シナノ印刷株式会社